言霊と日本

言霊論再考

樋口達郎 著
HIGUCHI, Tatsurou

北樹出版

はじめに

「ことば」とは何か。かかる問いは、一見して単純なようでありながらも、その実をすれば、あまりにも茫漠とした趣を呈するものである。無論、「ことば」ということばの意味を問うということであるならば、それはさほどの手間を要するものではない。試みに手許にある辞書を繰れば、問題は時を置かずして解決を見ることであろう。だが、いうまでもなく冒頭に掲げた問いは、さように語の指し示す範囲や語義を対象とするものではない。ここに、今少し文言を補いつつ改めて問い直すとすれば、「ことば」とは我々人間存在にとり如何なる意義を負うているものであるのか、これこそが先に提出した問いの本来である。しかしながら、如上の問題に面接するとき、これに一なる回答を為すことは極めてむつかしい。ことばが我々に対して担うところは実に多端であり、一脈のうちにこれを収斂せしめることは、畢竟不可能事であるとすらいわねばなるまい。

事実、「ことば」を如何なるものとして捉えるかという点については、古来様々な言説が呈示されてきた。そのうち有名なものとして、たとえば「ロゴス logos」という解釈が想起せられよう。古代ギリシアに於いては多様な概念を包含する謂であったロゴスは、やがてストア派に到って「ロゴス・エンディアテトス logos endiathetos」と「ロゴス・プロフォリコス logos prophorikos」とに分化し、その意味するところを局限せられつつ用いられることとなったのであるが、これはあくまでも互いの間に存する牽連《けんれん》——而して元来ロゴスというに於いて統合的に考えられていたもの——を保持するものであり、何となればそれを一層際立たせてすらいる。すなわち、個々人の心に内在する原理としての前者と、その外部表出としての「ことば」である後者とは、そこに不断の相関が認められ得るものであり、それは遡って万物を支配する法則や、あるいは理性や思惟する力という如き人間存在の輪郭を規定する諸概念とことばとを統体的に把捉するロゴスという観念の本来性を鮮明に跡付けるものであるといえよう。かように、ことばを理性や法則性に纏綿《てんめん》するものとし、人間を人間ならしめる根源的要素と見做すことは、「ことば」の本質に対する一つの有効な——且つは思想史に於ける伝統的な——見立てである。

では、人間の社会的営為により密着するかたちでこれを眺めるとすればどうか。我々はその日常に於いて、ことばと不可分である。およそ一般的な社会生活に参画する者であれば、誰しも自身がことばと無関係ではいられぬということを、明瞭に感得することであろう。それが家庭であれ、職場であれ、あるいは友人同士の集いであれ、他者との関係性を前提として構築せられた共同体にその身を置くとき、我々はそこに於いてことば――その表出の方途が発話によるものか文字によるものか、はたまたその他の形態をとるものかといった別はあろうが――を介して他者と関わってゆくことになる。すなわち、共同体の成員として在るための、あるいは在るがゆえの、相互的な意思伝達の手立てとして、我々はここにことばに於ける一つの意義を見出すのである。

　あるいはまた、複製的な共有・蓄積というものを挙げることもできるだろう。先に述べた如くに、我々は他者との伝達手段としてことばを用いておるのであるが、さりとてこれは単に自身の感情を相手方へと伝えるのみにとどまらない。それはしばしば情報や知識を互いに受け渡すことを目途とするものでもあり、かかる目的に沿って発信された情報は、ことばを媒介として他者の記憶のうちに複製され、共有せられる。而して、元来は物理的な痕跡を残し得ない発話という形式に基づく這般《しゃはん》の共有行為は、文字に代表される如き記号化の方途を獲得したことにより、書物やデータといったかたちで、そこに複製可能性というものを含み持ちながら、時間的制約をある程度克服しつつ蓄積と共有というプロセスを反復することに成功した。すなわちここに、継承に基づく集合知の形成という、ことばの有する今一つの意義が立ち顕れてこよう。今日に到るまでの人類による連綿たる知的営為の歴史展開とその発展とは、実にことばの存在を抜きにしては語り得ぬものである。

かくして、ことばによって不断の蓄積と更新とを繰り返す我々人類の知のありさまは、その集合という性質ゆえに、人間個人の限界はおろか、さながら時々刻々といった勢いのもとに、一刻前までの知をも超越してゆこうとする。かつて単一の言語のもとに石を煉瓦へ、漆喰を瀝青へと為して天の高みを目指したという、創世記に見えるかのバベルの塔の逸話の如きは、まさしくさような集合知のありかたを的確に描き出すものであるかに見える。而して、その塔がまさに天を衝かんとする光景を目の当たりにしたとき、神は人びとのことばを混乱せしめ、もってその企てを阻止したという。かかる説話は一般にいわれるように、地上に於いて民族や言語が何ゆえに多様性を有するようになったかという疑問への回答や、人間が神の地平へと手を伸ばそうとする驕慢の罪についての教誡を為すものであると同時に、ことばを紐帯とする共同体の結束が齎《もたら》す勢力や、延いてはかような事態を惹起せしめることばそのものが持つ力を語るものでもあるだろう。

ところで、かかるバベルの塔の逸話は、今しがた述べた如くに民族や言語の多様性を説明するという側面を有しているのであるが、その因果構造に於いて、言語の分断が民族の多様化に先駆する事態として説き為されていることは実に興味深い。神によってそれまでの統一言語が分断せられ、相不通となった人びとは混迷のうちに全地へと散っていったというが、このことが民族多様性の起源をも説明しようと企図するものであるならば、それは言語の混乱という状況のもとにあってそれでもなお意思疎通に能う者たちが、離散した先で新たな——且つはより小規模な——言語共同体を形成したということにほかなるまい。無論のこと、かかる逸話が創世のありさまを語るものであるにせよ、それが神話である以上は、これを全き歴史的事実を語るものとして全面的に肯定し、採用するわけにはゆかないし、また、そこに於いて説かれている因果関係を云々することは、これを全く無益であるとはいわないが、さながら卵と鶏の先後を問うが如きものとなってしまうかもしれぬ。ゆえに、今ここに本書がその注を傾けるとすれば、それは蓋《けだ》しことばは共同体の外殻を為すものであると見る意識が、件の神話に於ける文脈のうちに認められるのではないかという点についてである。

しばしば耳にする言い回しに、「ことばの壁」というものがある。主として使用言語の相違に基づくコミュニケーションの不全をいう表現であるが、直前に為した話題とも併せて愚考するに、これは実に的確な譬喩であるかの如くに思われる。現に我々は、自身と異なる母語の話者と面接するとき、そこに於いて意思疎通の不全という事態に根差した払底しがたい断絶を感覚せずにはいられぬはずであり、かかる断絶はまさしく「ことばの壁」として立ち顕れ、やがて彼我に於ける所属共同体の別という実感を齎しつつ、もって自他の淡《あわい》を鮮明に縁取ってゆく。而してこのことは、必ずしも意思の絶対的な不通であるを要さない。先にこれを「不全」と表現した如くに、縦しんばそこに於いて幾許かの意思疎通が成立したにせよ、それが自身と異なる言語の話者である限り、根源的な断絶の念というものは依然としてそこに揺曳《ようえい》し続けるであろう。そこに於いて我々が認めるのは、母語の相違という認識に端を発する異質な他者であり、それはともすれば、不審や不安、警戒といったネガティヴな感情を惹起する要因ともなり得るものである。

かかる観点よりすれば、「ことば」とはすなわち、その仲保のもとに構造せられた共同体の成員であることを確認し、且つまた、一方に於いては所属母体を異にする他者を炙り出す――ただしこれは往々にして無意識裡に遂行せられる――ための符牒としてある。聊《いささ》か不穏当な物言いになってしまったかもしれないが、少なくとも前者の如き心情を喚起するはたらきをことばに認めることは、無理筋とまではいえまい。かつて石川啄木は『一握の砂』に「ふるさとの訛なつかし停車場の人ごみの中にそを聴きにゆく」と詠んだが、これはさようなことばのはたらきを一面に於いて鋭く捉えている。無論、ここに於いていわれているのは「訛」すなわち方言であるから、それは国語に比して随分と緩慢な連帯を形成するものであるとせねばならない。しかしながら、異郷にありて故郷の訛を耳にすることを欲するその内面には、自身が身を置く環境に於いては自らが異質な他者である――あるいは自身を取り巻く環境が異質な他者としての総体を為して己へと迫り居る――という不安に対し、「訛」を通して安堵を得たいという心情が伏在しているに相違ない。さような意味に於いて、先の啄木の詠歌に認められる感情は、たとえそれが微視的なものであるにせよ、先述した符牒としてのことばという態様と無関係ではいられない。而して、この作品が啄木の代表作の一つとして大衆に受容せられたことは、かかる事実に対して我々が潜在的な共感を覚えていることの証左であるといえるのではなかろうか。

かくて、ことばというものは、我々に対して様々な側面より多彩な意義を齎す。上来述べ来った事どもは、畢竟ことばと我々との関係性のうちの一角であるに過ぎぬであろうが、その全貌を相手取って論ずることを、本書はもとより企図してはいない。今ここに於いて本書が試みたいのは、さような「ことば」のうちの一言語の、ごく限定された時代に於ける、ある一つの概念について、ささやかな論究を為すことである。

およそ言語というものは、それが用いられる共同体のありかたや、時代ごとの状況によって、異なった態様を要請されるものであり、その際には、時々の状況に即応して様々な性質や概念が附加――あるいは切除――せられる。かような状況を受けながら、ことばは常にそのかたちや、時には人との関係性すらも変じつつ、我々人間の社会的営為のうちに生き、その文化や思想をかたちづくるのである。而して、かつて我が国に於いて生きた――あるいは現在も生きている——言語概念として、「言霊」というものがある。古代日本に於いて生まれたこの「言霊」は、日本思想について考究するにあたり、看過すべからざる概念であり、しかもそこに於いて見出される意義は、古代日本思想という限局的な範囲のみに還元せられるものではあり得ない。なぜなら、かかる概念は、我が国の言語意識に於いて極めて切要な役割を担っており、而してそれは、今一つの重要な意識との緊密な連関のもとに、日本思想を貫流していたものと考えられるからである。然るに、その重要性に比して、言霊やその周縁についての研究は未だ寡少であるといわざるを得ない。そこで本書では、言霊およびそれに纏わる諸概念に関して複数の角度から考察を加え、その内実を検討するとともに、先に述べた如き日本思想に於ける言霊の有する意義というものについて、これを明らかにすることを試みたい。

目次

言霊と日本

――言霊論再考

第一章　言霊とは何か

序

本書は、「言霊」という言語概念に焦点を当て、これが我が国の思想に於いて如何なる意義を有するものであったかということを考究するものである。而して、かかる考究を為すにあたって、まずは「言霊」という語が如何なる概念を指し示すものであるかを確認しておかねばならないだろう。

その名称より率直に解釈するならば、「言霊」とはまさしく字義の如くに、ことばに宿る「タマ」[1]、すなわち霊威を指しての謂であるということになるのであるが、現代に於いてもしばしば耳にするこの語は、一体どのようなものとして定義せられているのであろうか。

一　ことばへの信仰

『広辞苑』を繰ると、「言霊」の項には以下のような解説が為されている。

言葉に宿っている不思議な霊威。古代、その力が働いて言葉通りの事象がもたらされると信じられた。(2)

極めて端的な説明であり、今日に於いて一般に観念せられている「言霊」に対する理解も、おそらくはかかる文言とさしたる乖離を有してはいないのではないかと思われる。とはいえ、これにて能事畢れりとするには、先の解説はあまりにも簡便に過ぎるというものであろう。かような『広辞苑』の記述に比して、その実態に今少し踏み込んだ内容の記事としては、たとえば次のようなものが見える。

言語に内在し威力を発揮すると信じられた精霊をいう。古代の日本人は呪文のようなひと続きの有意味的詞章に精霊つまり言霊がひそんでおり、これを唱えるとその言葉が表現しているとおりの結果が現われると信じた。これが言霊信仰で、アニミズムの一種と考えられる。(3)

ことばに宿る霊。ことばに出して言ったことは、それ自身独立の存在となり、現実を左右すると考えられた。名に対する禁忌の心持とも共通する信仰・感覚である。

――中略――

神託や呪詞にこの霊力がひそむと考えられたのであろう。諺や歌もまた言霊のひそむところであり、それゆえに唱えられ、歌われたものと考えられる。(4)

用いられている文言は様々であるものの、「言霊」とは畢竟ことばに宿る霊威、延いてはその実権者であるところの精霊を指しての謂であり、古代日本に於いては、その力が働くことによってことばにした内容がそのまま現実の事象として結果すると考えられていたというのが、諸家の一致した見解のようである。

ところで、かようにことばに何らかの威力を認めようとする意識それ自体は、何も我が国だけに局限して見出される如き特殊性を有するものではない。それは程度の差こそあれ、およそ言語を有する文化に通底する想念であったものと解せられる。

そもそも、古代に於いては、世界の真理真実や、あるいは超越的な威力の宿るものとして、ことばを至上のものと見做す観念が、宗教性に基づく共同体を中心に趨勢を占めていた。たとえば、『新約聖書』の「ヨハネによる福音書」第一章の冒頭は、

> 始めに言《ことば》があった。言は神と共にあった。言は神であった。この言は初めに神と共にあった。すべてのものは、これによってできた。できたもののうち、一つとしてこれによらないものはなかった。この言に命があった。
>
> （「ヨハネによる福音書」1.1-22）

という記述から始められており、万物に先駆けてことばが存在し、それはすなわち神そのものであったと語られている。また、「創世記」第一章に見える世界創造の件に於いても、神が

「光あれ」といえば光が差し、またあるいは「海と陸地に別れよ」といえばそのとおりになるといった如くに、神がことばによって世界を成形してゆく様子が描かれている。[5] ここには、創造神とことばとが不離一体を為し、且つまた、ことばこそ神がその威力を揮《ふる》うにあたっての手段——あるいは威力そのもの——であるという認識が披瀝されているといえよう。

インド最古の宗教文献の一つである『リグ・ヴェーダ』にも、ことばの持つ力を特別視する内容の詩が収められている。そこには、ヴァーチュ（Vāc）という名の言語の女神が登場しており、その自讃という形式をもってことばの権能が語り出されている。

われは財宝を集むる支配者なり。賢明にして、崇拝すべき者の中の第一人者なり。神々はかかるわれを、多くのところに配分したり、あまたの居所をもち、あまたの〔賜物〕を授与するわれを。[6]

（第十巻・第一二五歌・第三詩節）

われによりて人は食物を食す。識別する者、息する者、言葉を聞く者〔また然り〕。それと知らずして彼らはわれに依存す。聞け、知名の者よ、信ずべきことをわれ汝に語る。

（同、第四詩節）

われみずから実にこれを語る、神々によりまた人間により承認せられたることを。われいかなる者を寵愛するとも、その者をして強豪たらしむ。彼を祈禱者に、彼を聖仙に、彼を賢慮ある者に〔なす〕。（同、第五詩節）

われは父を生む、この〔世界の〕尖端に。わが本源は水の中、海にあり。そこよりわれは一切万物の上に拡がる。しかしてわれは顱頂をもってかなたの天に触る。（同、第七詩節）

われは実に、一切万物を把握しつつ、風のごとく吹きわたる。天のかなた、この地のかなたに、われは威力をもてかくばかり〔偉大〕となりたり。（同、第八詩節）

あくまでも言語という限定的な範囲を掌《つかさど》る神としてあらわれているため、その威力は先の『新約聖書』に於ける「ことば」と比して、より人間の社会的営為に沿ったものとして描かれてはいるが、「賢明にして、崇拝すべき者の中の第一人者」という文言からも、人びとがこの神に高い価値を見出していたことが窺える。而してまた、その威力は、万物を覆いつつそれらを把握し、その一切に遍く影響を及ぼす如き強大なものとして理解されている。かかる神、すなわち「ことば」に対する畏敬の念は、その広大無辺の影響力をして「顱頂をもってかなたの天に触る」とする一文に於いて、集約的に表現せられていよう。

また、「万物流転 panta rhei」という観点に立った古代ギリシアの自然哲学者ヘラクレイトスが、かかる生滅のうちに惹起する万物間の相剋の先に、不変の秩序としての「ロゴス logos」による統一を見たということは夙《つと》に知られているところであるが、チャールズ・オグデンとアイヴァー・リチャーズがその共著『意味の意味』に於いて提出した、

> 初めて物の性質の具体化を言葉に求めたのは、ヘラクレイトスであった。
>
> ――中略――
>
> ヘラクレイトスは不断に変化する世界にあってもっとも不変なもの、すなわち万人に共通な知恵の表現を言語にみた。そして、かれにとっては人類言語の構造は世界構造の反映であった。言語は世界構造の具体化であった。

という解釈は実に興味深い。ここには、世界のありかたが我々人間の言語のありかたを規定し、一方に於いてはその言語が同時に世界を具体化し、在らしめるという、両者の相即的且つ往還的な連関が示唆されている。すなわち、事象はことばによって事象たり得、ことばは事象によってことばたり得るという円環的構造のもとに、両者は不断の牽連《けんれん》を有しているのである。

かようにして、ことばに特別な威力や価値を認め、あるいは現実に於ける事象との密接な関わりを見出すが如き事態は洋の東西を問わぬものであり、而してこの点については日本もまた例外ではなかったといえる。すなわち、かくの如きことばへの一種の信仰ともいうべきものが、我が国に於いてはやがて「言霊」なる概念として結果したのであった。

さて、冒頭に於いて一言したように、一般に言霊とは、口にしたことばの内容がそのことばに宿っている霊威によって現実の事象として生起するというものとして考えられているのであるが、かような言霊に対する認識の背景には、「言」とはすなわちまた「事」でもあるという、「事」と「言」との相即的な態様を信ずる古代人らの観念の存在があらわに認められる。これは今日を生きる我々からすれば一見して非科学的であり、ともすれば突拍子もない話であるかの如くに思われるが、先般述べた如くに、ことばが世界を在らしめる、あるいはことばと世界とが極めて密接に相関しているという認識は、古代社会では広く——それこそ世界の各地に於いて——観念され、また通用するところのものだったのである。

而して、古代日本に於いて、言語に宿る威力が人びとの多大なる信服を集めていたという事実の証左は、古代文献の「コト」という語の表記という点に於いて如実にあらわれている。

二　「コト」表記の問題

「コトダマ」という語は、我が国最古の歌集である『萬葉集』に於いて、その初出を見て取ることができる。

志貴嶋　倭國者　事霊之　所佐國叙　真福在与具[7]　（巻第十三・三二五四）

右に掲げた和歌にあらわれている語、すなわち「事霊」がそれである。ここで注目すべきは、「コトダマ」という語の読音について、その「コト」部分の表記に用いられている漢字が、今日一般的な「言」ではなく、「事」となっている点である。かように「コト」を「言」ではなく「事」と表記することは、この歌のみに見える特殊な事態ではない。上代にあっては、これら二字はその義に於いて截然たる区別を持たれず、したがって、「コト」表記に使用するにあたっても、両字はしばしば混在するかたちで用いられていた。とはいえ、かかる事態は、「コト」という発音に合致した訓を有する漢字を無軌道に混用していたという如き、単純且つ無意味な結論を導出するものではあり得ない。「コト」表記に於ける用字を巡る如上の問題は、上代に於いて両字の内包する意義が密接な連関を有していたという事実を明々と告示するものなのである。

　従来、言霊とはことばに宿る霊威、換言するならば「言語精霊」とも呼ぶべきものに対する信仰として理解されてきた[8]。だが、今先に述べた「事」、「言」両語の関係性に鑑みるに、そうした解釈のみをもって「言霊」という存在を捉えることはむつかしくなってくる。言霊の意義は、口にしたことばが「コトダマ」の力によって現実に「事」として生起するという点に存しているが、仮にそれが言語精霊のみの力によるものであるならば、先程述べたような、「事」と「言」との混用は起こり得ないはずである。というのも、仮に言霊という概念が言語精霊に対する信仰のみに終始するようなものであるとすれば、「コトダマ」はあくまでも「言」の範疇にとどまるものであり、したがって、そこに於いて如何に意味上の区別が曖昧なものであるといえども、その力が行使せられた産物としての事象をあらわす「事」の字を、その表記に於いて殊更に用いる必要性はないからである。

さて、一般に「事」とは、ある「もの」の状態や関係性、乃至は何らかの事象を指す語であるが、人が何らかの目的意識のもとにこれを自らの望むかたちに為さしめようと企図する限りに於いて、そこにはその誘因となるべき何らかの行為が附随せねばならない。而して古代人は、ことばの持つ力への信頼を基幹として、かかる役割を発語という行為に於いて見出したのであったろう。

では、何ゆえに萬葉初期に於ける「コトダマ」は「事霊」と表記せられたのか。これは、古代人たちが「言」と「事」とを一体視する感覚を有していたからにほかならない。つまり、口にしたことばとしての「言」が、実際の事象としてことばの示す如くに顕現する、すなわち「事」化するという一連の過程の中にあっては、「言」は畢竟「事」へと収斂していくわけであるから、「言」はやがて「事」そのものだということになる。だからこそ、かような「言」の「事」化という事態が大いに観念されていた古代に於いては、「コトダマ」は「事霊」と表記し得るものであったし、また同時にかく表記して然るべきものでもあったのである。この「言」と「事」との相即性ともいうべき、ことばに対する古代人らの認識は、言霊のありかたを考えるうえで、まず一つ看過すべからざる点であるといえるであろう。

三 「言」「事」に於ける相即性の揺らぎ

前節では「コト」表記の混用について触れたが、このことに関しては西郷信綱が、「コトダマを「事霊」とかいた例があるのなども、言＝事という魔術等式が生きてきたしるしである」と述べているほか[9]、先学の多くも同様の指摘を為している。ゆえに、古代日本に於いてかような認識が観念せられていたということ、そのこと自体についていえば、これを諾うに取り立てて躊躇すべきところはない。さりとて、古代人が「コト」を表記するにあたり、「言」と「事」とを何らの別もなく、全く相通路するものとして使用していたかといえば、どうやらそうではなかったようである。

『萬葉集』中に出現する「コト」という語は、全部で二八二箇所ある。そのうち、「許登」や「許等」のように、一音につき一字を当てる例は七五あり、これらを除外すると、「コト」に対して「事」乃至は「言」の字を表記に用いているのは二〇七例となる。さらに、この二〇七例の中で、何らかの事物を指して「事」を、あるいはことばを指して「言」をといった如くに、その表記と意味するところとが厳密に一致しているものは一三八例あり、かような例を除けば、

「コト」表記に於いて両字を混用している例、すなわち「事」表記によって「言」の意をあらわしている（以降は「事→言」と表記する）ものや、「言」表記によって「事」の意をあらわしている（以降は「言→事」と表記する）ものは、総じて六九例が認められることになる。

而して、この六九例の内訳を見ると、「事→言」となるものが六四例あるのに対して、「言→事」は僅かに五例を数えるのみである。このことから、「コト」表記に際しては、「事→言」という方向での用法が一般的であり、「言→事」というかたちでもってこれを意図的に用いる可能性は極めて低いものであったと考えられる。[10]

ここで、『萬葉集』に於ける「コトダマ」という語の「コト」表記について見てみたい。『萬葉集』中に於いて「コトダマ」語が用いられている和歌は、全三首である。まずはこの三例のうち、前節冒頭に掲げた詠を含む二例を挙げよう。

事霊　八十衢　夕占問　占正謂　妹相依　（巻第十一・二五〇六）

志貴嶋　倭國者　事霊之　所佐國叙　真福在与具　（巻第十三・三二五四）

原文で見ると、この二首に於いて「コトダマ」は「事」霊と表記せられていることがわかる。
次いで、残りの一例を挙げる。

神代欲理　云傳久良久　虚見通　倭國者　皇神能　伊都久志吉國　言霊能　佐吉播布國等
加多利継　伊比都賀比計理　今世能　人母許等期等　目前尓　見在知在　人佐播尓　満弖
播阿礼等母　高光　日御朝庭　神奈我良　愛能盛尓　天下　奏多麻比志　家子等　撰多麻
比天　勅旨反云大命　戴持弖　唐能　遠境尓　都加播佐礼　麻可利伊麻勢　宇奈原能　邊
尓母奥尓母　神豆麻利　宇志播吉伊麻須　諸能　大御神等　船舳尓反云布奈能閇尓　道引
麻遠志　天地能　大御神等　倭大國霊　久堅能　阿麻能見虚喩　阿麻賀氣利　見渡多麻比
事畢　還日者　又更　大御神等　船舳尓　御手打掛弖　墨縄能　播倍多留期等久　阿遅可
遠志　智可能岫欲利　大伴　御津濱備尓　多太泊尓　美船播将泊　都ゝ美無久　佐伎久伊
麻志弖　速帰坐勢
（巻第五・八九四）

これは、山上憶良による「好去好来の歌」であるが、先掲した二つの例と違い、ここでは

「コトダマ」は「言」霊と表記されている。これら三首のうち、何ゆえ憶良の歌だけが「事霊」ではなく、「言霊」という表記を採用しているのだろうか。

既述の如くに、『萬葉集』の「コト」表記の混用に於いては「事↓言」が主流であり、「言↓事」となる表記は殆ど確認せられない。また、後に改めて言及するが、この憶良の長歌は、先に挙げた三二五四と一連の作である三二五三の長歌――かかる二首はいずれも柿本人麻呂の手に成るものと考えられている――を踏まえたうえで詠まれたものであり、したがって、憶良は三二五四に於いて「コトダマ」が「事霊」と表記されているという事実を認識していたものと考えられる。而して、かような点を含み併せて勘案すれば、前段に於いて投じた疑問に対する回答は自ずと導かれよう。

すなわち、憶良はこの「好去好来の歌」に於いて、「事」と「言」との意味を明確に区別し、そのことを念頭に置いたうえで、意図的に「コトダマ」を「言」霊と表記したものであったと推断せられる。而して、「好去好来の歌」が詠まれた前後の時期に於いて、「事」と「言」という語は、既述の如き「事‐言」間の相即性という観念に基づく混用・通用の状態から、明白たる意味区別の分水嶺へと到ったものと解せられる。

さらば、かかる両者の意味分化は如何にして惹起せられたものであろうか。先般述べた如くに、「事」と「言」とは、「かく言えばかく成る」という両者の相即性のもとに、極めて密接な連関を有していた。だからこそ、「コトダマ」の「コト」という音の表記にあっては、両字の混用が認められるのである。然るに、憶良が明確な意図のもとに「コト」表記に「言」を用いたのであったとすれば、これはすなわち「事」と「言」との間に認められていた一体的な繋りが、何らかの理由により人麻呂歌集歌の時期よりも脆弱になってしまったということを示唆するものであるだろう。而して、「事-言」の関係性を巡るかような価値転変の誘因となったのは、ことばの絶対性を信ずる感覚の動揺という事態であったものと推察せられる。

第一節に述べた如き言語を至上視する態度は、社会的営為との密接を経て、次第に言語を万能のものと見做す認識へとその質を変容させてゆく。当初、事象の本質を客観的に把捉するために、ある意味では副次的な用いられ方をしていたはずであった道具としての言語は、次第に恰も事象そのものを生起させる当事者であるかの如き錯覚をもって、人びとに観念せられるようになっていったことであろう。ゆえに、件の「事-言」の相即性という認識のもとにあっては、「コトダマ」は「言」霊であり、且つまた「事」霊たり得たのであった。而して、かかる両語——あるいは両字とすべきか——の併用の呼び水となったのは、ことばに宿る霊威への強い信服の念であり、さらに踏み込んだ言い方をすれば、人びとがことばに対して期待する万能感であるにほかならなかった。

かくして、当初の認識を逸脱したことばは万能の勢力を附託せられ、人びとの言語観へと落とし込まれるのであるが、ここで再びことばに対する大きな価値転換が起こる。それは、かかる価値観を維持するに足る裏付け――すなわち「言」の「事」化の実現性――を欠くことによって生じる、ことばに対する信頼感の崩壊である。豊田国夫は、この点について以下のように分析する。

人間は言葉をつくり育ててきたが、一方で言葉もまた人間の心をつくり育ててきた。この密接な循環の関係は、言葉と事実との関係にもあてはまると思う。現在は言葉と事実がいつでも一致していた時代からはすでに遠い。この言事背反の事態は、識者のいうとおり、まさしく社会や文化などの変化が急激で価値観が安定しないところに惹起された現象のひとつであろう。

言語は社会的というよりも、むしろ多くの歴史的な体系の象徴であるといいうるから、社会の急激な変化にあうとき、これに適応することにおくれて、とどのつまりはその背後にある歴史的な体系の中に逃げこむ。つまり表現の定着に混乱がおきて、言葉と事実の関係にズレが生ずる。これを他方からみれば、言葉が事実の裏付けを失なったということになる。こうして言葉が意味を消失する。そして言語不信を招く。(11)

ここで豊田が指摘している「言葉と事実の関係に生じるズレ」は、言語に万能の威力を求めるが如き認識——古代日本に於いてはこれが「事 - 言」の相即性という観念に収斂したのであったろう——にとっては致命的な陥穽《かんせい》であるとせねばならない。ことばと事実とが一致しないのであれば、ことばは途端に疑義の対象となり、両者の相即という観念は何らの実効性をも有さぬ空論へと落伍するを免れ得ぬさだめにある。而して、実際にかかる事態が古代人たちに感覚されるに到ったがゆえに、彼らの中での言語観に揺らぎが生じることとなったのではないかと考えられるのである。

結

本章では、古代日本に於いてことばがどのような認識をもって人びとに捉えられていたのかという点を中心に論を進めてきたが、その際に『萬葉集』の「コト」表記の混用を具さに見ることで、古代人たちの中でことばに対する観念がどのような推移を辿ったかについて、大まかにではあるが素描し得たように思う。
　次章に於いて詳しく考察するが、古代のある時期までは、ことばの有する威力は絶対的なものと目され、事象を生起させるものとして大いに畏怖の対象となっていたものと見える。しかしながら、現実には口にしたことが何から何まで寸分違わず事象化することなど到底有り得ないことである。ゆえに、人びとも次第にかかる事実を直視するようになり、それはやがてことばの絶対性に疑念を差し向ける態度へと繋がっていったのである。このことを裏付けるかのように、『萬葉集』には、ことばに対する不審感の表出であるかの如き文言を含む歌が幾つも残されている。以下にその数例を掲示してみよう。

忘れ草　我が下紐に　付けたれど　醜の醜草　言にしありけり
（巻第四・七二七）

百千たび　恋ふと言ふとも　諸弟らが　練りのことばは　我れは頼まじ
（巻第四・七七四）

黙あらじと　言のなぐさに　言ふことを　聞き知れらくは　悪しくはありけり
（巻第七・一二五八）

朝茅原　刈り標さして　空言も　寄そりし君が　言をし待たむ　（巻第十一・二七五五）

狂言か　人の言ひつる　玉の緒の　長くと君は　言ひてしものを　（巻第十三・三三三四）

右に挙げた歌々は、概ね『萬葉集』の中でも後期の詠であるが、傍点を施した箇所からも明らかな如くに、その歌中には否定的な観点からことばを捉えた表現が用いられている。かような表現に於いては、もはやことばに対して絶対的な信頼を寄せる姿勢は看取し得ない。

このように、ことばの威力に対する潜在的な不審の念が古代人たちの中に芽生え始めたことで、それまで観念せられてきた「事」と「言」との一体性に乖離が生じることとなり、その結果として「コトダマ」の「コト」表記から両者の混用は廃れ、以降は「言霊」という表記へと統一されていったものと推断せられるのである。

さて、本章に於ける考察によって、古代人たちの間には、当初「事」と「言」とを一体視する観念が存在していたこと、また、彼らのことばに対するかような認識が、絶対的信服から不審の念へと、時間とともに漸次変遷していったことがわかった。そこで次章では、古代人の中でことばに宿る力が大いに信じられていた時期にあって、その信仰の寄る辺となっていたとおぼしき言語を掌る神々について精察し、それが如何なる存在として認識せられていたのか、さらにはそうした言語に纏《まつ》わる神々が信じられていた状況から、どのような経緯で言霊という概念が人びとに観念され、且つはその存在を要請されるに到ったかという問題について考えてみたいと思う。

（1）松岡静雄によれば、上代人は魂魄を団塊状のものと考えていたため、塊を指す語である「玉」が転義し、霊格の謂となったという（松岡静雄『新編日本古語辞典』刀江書院、一九三七、三三九頁）。この意を踏まえるならば、「コトダマ」とは文字どおり「コト」の霊格ということになるだろう。

（2）新村出編『広辞苑　第四版』岩波書店、一九九一、九五〇頁。

（3）『哲学辞典』平凡社、一九七一、五〇六頁。

（4）上代語辞典編集委員会編『時代別国語大辞典　上代編』三省堂、一九六七、三〇〇頁。

（5）『旧約聖書』創世記第一章第三節には、「神は「光あれ」と言われた。すると光があった。」という記述が見えるほか、第九節「神はまた言われた、「天の下の水は一つ所に集まり、かわいた地が現れよ」。そのようになった。」など、創世が神のことばによって為されたものであると説明する記述が頻出している。

（6）辻直四郎訳『リグ・ヴェーダ讃歌』岩波書店、一九七〇、三〇七〜三〇八頁。

（7）以下、本書に於ける『萬葉集』の引用はすべて、伊藤博『萬葉集釋注』（一〜十巻、集英社、一九九五〜一九九九）ならびに『萬葉集釋注原文篇』（集英社、二〇〇〇）に拠った。引用に際しては、鉤括弧内に巻数・歌番号のみを示すこととし、以降は逐次断ることをしない。

（8）たとえば折口信夫は、「結局、「ことだま」といふのは言語精靈《コトダマ》といふことになる。（「言靈信仰」（『折口信夫全集第廿巻神道宗教篇』所収、中央公論社、一九七六）、二四五頁）」、「……早くから日本人は、言語精霊——言霊というものを感じていた。（『折口信夫全集ノート編第一巻』中央公論社、一九七一、一四六頁）」といった如くに、言霊を言語精霊と見る認識を有していた。而して、その他の先行研究にもこの「言語精霊」という語が多く用いられていることから、かかる認識は言霊研究の領域に於いて広く共有せられていたものであったと思われる。

（9）西郷信綱『詩の発生』未來社、一九六〇、四一頁。

（10）「コト」表記の用字例についての統計は、豊田国夫『言霊信仰』（八幡書店、一九八五）一三七頁の『萬葉集』巻11・12・13における「言」と「事」の用字例」を参照した。

（11）豊田国夫前掲書、七五一頁。

第二章　言語神の落日――ことばの神から言霊へ――

序

前章に於いて既に言及した如くに、「コトダマ」という語は、『萬葉集』以前の古代文献に於いては一切その出来を認められない。このことから、言霊という観念がその概念存在を措定せられた時期は、萬葉の時代を大きく遡逆するものではないと考えられる。しかしながら、このことは、それ以前の時代に於いて言語に宿る霊威の存在が認められていなかったということを意味するものではない。伊藤益が夙《つと》に指摘するように、語の非在は、その語の意味する内容の非在と同義ではないからである。(1)

それどころか、記紀の内容に目を遣れば、そこには呪詞呪言に纏《まつ》わる逸話を随所に看取することができる。たとえば、アマテラスの命により葦原中つ国を言趣《ことむ》けるために遣わされた天若日子が復命せず、天つ神がその叛逆心を疑う場面には、以下の如き件がある。

是に高木神、「此の矢は、天若日子に賜へりし矢ぞ。」と告りたまひて、即ち諸の神等に示せて詔りたまひしく、「或し天若日子、命を誤たず、悪しき神を射つる矢の至りしならば、天若日子に中らざれ。或し邪き心有らば、天若日子此の矢に麻賀禮。」と云ひて、其の矢を取りて、其の矢の穴より衝き返し下したまへば、天若日子が朝床に寝し高胸坂に中りて死にき。

地上に下ってから八年が経過しても復命せぬ天若日子に、天つ神らはその理由を問い質すべく鳴女という名の雉を送るが、天若日子はこれを、かつて天から授かった天之麻迦古弓と天之波波矢とをもって射殺してしまう。而して鳴女を射抜いた天之波波矢は、そのまま地上より逆さまに射上げられ、天つ神らのもとへと届いた。前掲の一節は、その矢を拾った高木神が、天若日子の真意を探ろうとするものである。

ここに於いて、高木神は呪言をもって二つの宣告を為したのち、天之波波矢を地上へと投げ返している。一つは、天若日子が叛心を抱いていないのであれば、返し矢は天若日子に命中しないということ。今一つは、もし天若日子に「邪き心」があるならば、返し矢に中って死ぬということである。而して、その際に高木神が発した「麻賀禮（まがれ）」ということばは、「禍れ」すなわち禍によって死んでしまえという意味であり、これは天若日子へと放たれた呪いのことばにほかならない。果たせるかな、高木神の投げた矢は、天若日子の胸元に過たず命中し、彼は命を落としてしまう。

また、有名な海幸山幸の物語にも、呪詞に纏わる逸話が登場している。兄の海幸彦から借りた釣針をなくしてしまい、その弁償を求められ困り果てた山幸彦は「綿津見神の宮」へと赴き、そこで海神である「綿津見大神」から呪術を授かる。

其の綿津見大神誨へて曰ひしく、「此の鉤を、其の兄に給はむ時に、言りたまはむ狀は、『此の鉤は、淤煩鉤、須須鉤、貧鉤、宇流鉤。』と云ひて、後手に給へ。然して其の兄、高田を作らば、汝命は下田を營りたまへ。其の兄、下田を作らば、汝命は高田を營りたまへ。然爲たまはば、吾水を掌れる故に、三年の間、必ず其の兄貧窮しくあらむ。若し其れ然爲たまふ事を恨怨みて攻め戰はば、鹽盈珠を出して溺らし、若し其れ愁ひ請さば、鹽乾珠を出して活かし、如此惚まし苦しめたまへ。」

ここに於いて注目されるのは、兄に「鉤」を渡す際に唱えるように教えられている「此の鉤は、淤煩鉤、須須鉤、貧鉤、宇流鉤」という呪文である。これは、「この鉤を持ったものは、その鉤のように心がふさぎ、心がたけり狂い、貧乏になり、愚かになるという呪詛(2)」であり、かかる呪詛を為せば、兄の海幸彦は必ずや三年の間貧困に喘ぐことになるだろう、と海神は山幸彦に告げる。而して、さような状態へと海幸彦を顚落せしめるのは、「吾水を掌れる故」なのである。ここには、件の呪詞が水を掌る《つかさど》「綿津見大神」を動かし、その威力によって海幸彦に災異が降り掛かるという、「言」から「事」が現象する件の相即構造が認められる。今ここに挙げた二つの例はいずれも、呪詞の作用によって現実へと影響を及ぼすという、ことばの力を語る逸話としての性質をその内に湛えるものであるといえよう。

加えて、これらの古代文献には、ことばと深い関係にあるとおぼしき神々、これすなわち「言語神」ともいうべき存在が登場している。かかる事実をもって、ことばに何らかの霊威が宿るという認識が、萬葉の時代に先駆けて古代日本人の間で観念せられていたという可能性の示唆と取ることは、あながち牽強付会とも言い切れまい。

そこで本章では、古代文献に於いて確認できる、言語に纏わる神々のすがたを追うことを通して、言霊がその存在を見出される以前の時代に於いて、古代人たちがどのようなかたちでことばと神との関係を捉えていたかを探るとともに、そこから如何なる経緯を通路して、言霊という存在が観念されるに到ったかを考えてみたい。

一　ことばを領《うしは》く神々（一）――コゴトムスヒ――

記紀に於いて、ことばと深い関係性を有するものと目される神のうち、最初にその存在をあらわすのがコゴトムスヒである。この神の名前は、『日本書紀』の神代上第七段第三の一書に登場する。(3) ここでは、スサノヲの暴挙を腹に据えかねたアマテラスが「天石窟」に籠ってしまうという、所謂「石屋戸籠り」の顛末が描かれているが、そこには次のような件がある。

日神の、天石窟に閉り居すに至りて、諸の神、中臣連の遠祖興台産霊が児天児屋命を遣して祈ましむ。是に、天児屋命、天香山の真坂木を掘して、上枝には、鏡作の遠祖天抜戸が児石凝戸辺が作れる八咫鏡を懸け、中枝には、玉作の遠祖伊奘諾尊の児天明玉が作れる八坂瓊の曲玉を懸け、下枝には、粟国の忌部の遠祖天日鷲が作ける木綿を懸でて、乃ち忌部首の遠祖太玉命をして執り取たしめて、広く厚く称辞をへて祈み啓さしむ。(4)

傍点を附した箇所の記述によれば、コゴトムスヒ（興台産霊）はアメノコヤネノミコト（天児屋命）の親に当たり、且つまた、「中臣連の遠祖」でもあるという。残念ながら、コゴトムスヒはその名が記されているのみであり、どのような権能を有する神であるかは判然としない。しかしながら、子であるアメノコヤネや、その子孫とされる中臣連が担っていた役割に鑑みれば、そこには一定の推測が成り立つであろう。

まず、この段に於いて、コゴトムスヒの子であるアメノコヤネは、「天石窟」に閉じ籠ったアマテラスを外へと引き出すべく、「称辞」を行っている。また、同じく神代紀第九段第二の一書には、「且天児屋命は、神事を主る宗源者なり。故、太占の卜事を以て、仕へ奉らしむ」とあることから、アメノコヤネは、神事にあたって祝詞を奏上する役割を与えられていたものと推認し得る。加えて、先に見た如くに、コゴトムスヒは「中臣連の遠祖」とされていた――これは同時にアメノコヤネもまた中臣連の遠祖であることを意味している――が、この「中臣連」すなわち中臣氏は、代々大和朝廷の神事に於いて祝詞の奏上を掌っていた家柄である。[5] かように、記紀神話の脈絡、しかも日神アマテラスと関係する件のうちに諸神から「称辞」を任されたアメノコヤネと、かかる説話との連関のもとに祝詞の奏上を担当していた中臣一族という一連の系譜の中にあって、その基を為すコゴトムスヒだけがその職能から外れた存在として措定されるという事態は想定しがたい。したがって、コゴトムスヒもまた、神々に対《むか》う発話行為を管掌する存在であったと見て瑕疵はないはずである。

その名に見える「コゴト」の語源については諸説があり、たとえば折口信夫は、これは「コゴト」ではなく、「コトド」であると主張している。[6] 而して、管窺《かんき》の及ぶ限りでは、記紀から萬葉にかけて、「コトド」という語の用例は以下の三例である。

泉津日狭女、其の水を渡らむとする間に、伊奘諾尊、已に泉津平坂に至しましぬといふ。故便ち千人所引の磐石を以て、其の坂路に塞ひて、伊奘冉尊と相向きて立ちて、遂に絶妻之誓建す。[7]

（『日本書紀』神代上第五段）

爾に千引の石を其の黄泉比良坂に引き塞へて、其の石を中に置きて、各對ひ立ちて、事戸を度す時、伊邪那美命言ひしく、「愛しき我が那勢の命、如此爲ば、汝の國の人草、一日に千頭絞り殺さむ」といひき。[8]

（『古事記』上巻）

五日の平旦に道に上る。よりて、国司の次官已下の諸僚皆共に視送る。時に、射水の郡の大領安努君広島が門前の林中に預め餞饌の宴を設く。ここに、大帳使大伴宿禰家持、内蔵伊美吉縄麻呂の盞を捧ぐる歌に和ふる一首

玉桙の　道に出で立ち　行く我れは　君が事跡を　負ひてし行かむ[9]

（巻第二十・四二五一）

先の二例はいずれも、黄泉の国に赴いたイザナギ（伊弉諾尊）が、「黄泉戸喫」によって黄泉の国の住人となり恐ろしい姿へと変わり果ててしまったイザナミ（伊弉冉尊、伊邪那美命）の追跡から逃れる場面であるが、その際にイザナギがイザナミに対して絶縁を宣言する呪文として、「コトド（絶妻之誓、事戸）」という語が用いられている。また、最後に挙げた家持の作

歌に見える「事跡」に関しては、その語の解釈を巡って意見が分かれているが[10]、『古事記伝』や『萬葉集略解』などは、これも前二例と同様に絶縁の意をあらわす語であると捉えている。これらの例を見る限りに於いては、「コトド」は他者に対して絶縁を宣告する呪言か、あるいは離別に際して発することばの謂であるものと推断せられるのであるが、仮にこの語がかようにネガティヴな意を有するものとあれば、これは祝詞を掌る神の名に冠する語としては聊《いささ》か不適切なのではあるまいか。この点に関して折口は、「ことゞという語は、よもつひら阪の条では、絶縁の誓約のように説かれているが、用例が一つしか残っていないための誤解であろう[11]」と述べているが、以後何の裏付けをも行うことなく話を進めてしまっており、論としては甚だ根拠に乏しいものといわざるを得ない[12]。

対して、柳田國男の実弟である言語学者の松岡静雄はこれを「請言（コ－コト）」、すなわち神に対して請うことばとしての祝詞を指すものであったとする解釈を提出している。また、この説の根拠として、記紀にあらわれる「木事（コゴト）」の名を持つ人物が、いずれも孝昭天皇の皇子である天足彦国押人命の末裔として、春日氏の司祭の家柄の出であるということを挙げており、先の折口説よりも信憑に足るものであるように思われる。いずれにせよ、先に一言したコゴトムスヒとその子であるアメノコヤネ、さらにはその子孫たちが担っていた役割とも併せて考えるに、「コゴト」が「言」と何かしらの牽連《けんれん》を有する語であることだけは確実と見てよい。

さらに、コゴトの下に続く「ムスヒ（産霊）」という語にも目を向けたい。この語の構成は「ムス－ヒ」であり、「ムス」は生産・生成の意をあらわす。また、「ヒ」は日に通ずる語であるといわれ、我が国に於いて古くから信仰されていた霊格の一つである。[13]かような語の成り立ちゆえに、ムスヒには「産霊」の字が当てられ、生成の霊威を指すものとされた。

その語義を踏まえるに、コゴトムスヒとは「コゴト」に関する「ムスヒ」の神、すなわちことばに関わる生成を掌る霊威という意をその名に冠した神であることがわかる。かかる名に負う意をもって、コゴトムスヒと言霊、あるいはその人格神としての言霊神とを同一視する向きもあるようだが、「ヒ」と「タマ」とが同一の霊格とするに足る明確な根拠はない。したがって、当面はあくまでも言霊の出現以前の時代に於ける言語神の一柱であったと解釈しておくのが穏当であろう。

二　ことばを領く神々（二）——ヒトコトヌシ——

続いて、ヒトコトヌシという神について考えてみたい。この神は、記紀ともにその名があらわれており、その初出がいずれも雄略天皇の葛城山登山の段であることから、出雲系諸神が多く祀られている葛城山に所縁であるとして、出雲系に属すると目されている。ちなみに、このヒトコトヌシが次節で取り挙げるコトシロヌシと同一の神であるとする説も見えるが、卑見を開陳するに、これらはそれぞれ独立の一柱であると理解するのが妥当であると考えられる。その理由については後述するとして、ここではひとまず、ヒトコトヌシという名の出典を確認してみよう。

四年の春二月に、天皇、葛城山に射猟したまふ。忽に長き人を見る。来りて丹谷に望めり。面貌容儀、天皇に相似れり。天皇、是神なりと知しめせれども、猶故に問ひて曰はく、「何処の公ぞ」とのたまふ。長き人、対へて曰はく、「現人之神ぞ。先づ王の諱を称れ。然して後に導はむ」とのたまふ。天皇、答へて曰はく、「朕は是、幼武尊なり」とのたまふ。長き人、次に称りて曰はく、「僕は是、一事主神なり」とのたまふ。[14]

（『日本書紀』雄略紀四年二月）

爾に天皇望けまして、問はしめて曰りたまひしく、「茲の倭國に、吾を除きて亦王は無きを、今誰しの人ぞ如此て行く。」とのりたまへば、即ち答へて曰す状も亦天皇の命の如くなりき。是に天皇大く忿りて矢刺したまひ、百官の人等悉に矢刺しき。爾に其の人等も亦皆矢刺しき。故、天皇亦問ひて曰りたまひしく、「然らば其の名を告れ。爾に各名を告りて、矢彈たむ。」とのりたまひき。是に答へて曰しけらく、「吾先に問はえき。故、吾先に名告りを爲む。吾は悪事も一言、善事も一言、言ひ離つ神、葛城の一言主大神ぞ」とまをしき。天皇是に惶畏みて白したまひしく、「恐し、我が大神、宇都志意美有らむとは、覺らざりき。」と白して、大御刀及弓矢を始めて、百官の人等の服せる衣服を脱がしめて、拝みて獻りたまひき。[15]

（『古事記』下巻　雄略天皇）

どちらの場合も、雄略天皇が自らの一行と全く同じ姿形をした一団と邂逅し、相手にその名を訊ねるというプロットをなぞっているが、そこに於いて交わされる天皇とヒトコトヌシとの遣り取りの内容には、一見して明らかな差異が認められる。たとえば、名を問う雄略天皇に対するヒトコトヌシの応答であるが、『日本書紀』では「僕は是、一事主神なり」と、簡潔に名告るのみにとどまる一方で、『古事記』ではその名の由来も含めて名告りを挙げている。また、『日本書紀』では、引用部以降に雄略天皇とヒトコトヌシとがともに狩りに興じる様子が描かれている[16]のに対して、『古事記』ではヒトコトヌシの正体を知った雄略天皇が、武器をはじめとして家臣の衣服に到るまで一切を差し出し、平伏の姿勢を示すという展開になっている。さらに、『古事記』に描かれている互いへの「矢刺し」、すなわち威嚇行為についての記述が『日本書紀』には存在しないことや、雄略天皇とヒトコトヌシの名告りの順序が記と紀とで逆になっていることなど、同じ逸話を語っているはずの両書の記述には幾つもの差異が存在している。ヒトコトヌシの描写を巡る記紀に於ける相違は、一体何を意味しているのであろうか。

　かような描写上の差異が生じた理由として、両書が銘々に有している姿勢、別言するならば、もってその編纂を企図せしめたところの目的意識というものが挙げられよう。たしかに、三品彰英が、次に「書紀」所伝の神話には多くの異伝が収録されているということをとくに注意しなくてはならない。これは「書紀」の編纂態度を示すもので、史料として古伝承を尊重する歴史学的立場をとり、ときには十個以上の異伝を列記しており、その中には「書紀」撰述当時の政治的現実とは必ずしも一致しないもの、ときには不都合なものまでを提出している。この点「書紀」撰者が現実的関心のみに捉われていなかったこと、従って古伝をそのままに収録するように努めていたことを高く評価すべきである(17)。

と指摘したように、『日本書紀』は「一書に曰く」として、一つのエピソードに対して幾つかの異伝を併録する形式を採っており、『古事記』に比してより客観的な立場から古伝承を描写しようとする姿勢が窺える。ゆえに、ヒトコトヌシが名告りを挙げる件のように、『日本書紀』は能う限り「現実的関心」を捨象するかたちで、対して『古事記』はより抒情的な表現でもって、同一の場面について各々違った記述を残しているという見立ても、大いに是認せられて然るべきものであるといえる。だがそれ以上に、如上の問題については、記紀編纂に際しての当時の政治的意図が大きく影響を及ぼしているものと見なければならない。

記紀神話が、当時の支配体制の政治的権威を正当化せんがためのイデオロギーとしての側面

を有しているということは、津田左右吉をはじめ、既に先学の多く指摘するところであるが、特に上山春平が、

『古事記』は律令制の確立によって没落を強いられる旧豪族たちにたいする慰めの書であり、古き良き時代をなつかしむ懐古的ムードをたたえた神祭り用の歴史であるのにたいして、『日本書紀』の方は、新しい体制の正当化をもくろむ現実政治用の歴史であるといえるように思う。[18]

と分析する如くに、『古事記』は出雲系の神話や神々について記述する際には、しばしばその偉大さを強調する形式を採り、これに対して『日本書紀』は非常に淡白な描写に終始する傾向が認められる。而して、このことを踏まえて先に挙げたヒトコトヌシの件を思い返せば、そこに描かれし複数の相違は、偏《ひとえ》に雄略天皇が「自身に似たもの」に遭遇した時点で、その正体を看破しているか否かという点に帰趨するものと推断せられる。

『日本書紀』の記述によれば、雄略天皇は「長き人」を目撃した際に、「是神なりと知しめせ

れども、猶故に問」うたとある。すなわち、雄略天皇はかかる不明の一団を目視した時点に於いて既に、「長き人」の正体が神であることを見抜いていたということになる。ところが、『古事記』の雄略天皇は自らと相似た一団に激しい怒りをあらわにしてこれを威嚇し、名告り合いによって初めて相手の素性を知るや、一転して帰順の姿勢を見せる。「宇都志意美有らむとは、覚らざりき」という雄略天皇のことばは、相手が神の「宇都志意美《うつしおみ》」――これは葦原中つ国に於けるこの神の「現し御身」という意であろう――であることに思い到らなかったという事実の告白であるにほかならない。すなわちここに、相手の正体を早々に察知した賢帝としての雄略天皇と、「茲の倭國に、吾を除きて亦王は無き」と豪語し、怒りに任せて矢を番える浅慮な雄略天皇とが描き分けられることになる。

　而して、かかる両者の初動の差異こそが、以降のヒトコトヌシとのエピソードに於ける方向性を決定付けるものにほかならない。紀の賢帝雄略は終にこの神と交誼を結び、互いに獲物への射掛けを譲り合いながら、轡を並べて狩りに興ずる。かたや記の雄略天皇はといえば、その顚末は先に見た如くに、実に愍然《びんぜん》たるものであった。ここに於いて看取せられるのは、「現人之神」であるヒトコトヌシと文字どおり「馳騁《ちてい》」するに足る対等な存在としてある紀の雄略と、相手の正体に慄き一切を差し出す矮小な存在としての記の雄略という明確な対照関係であり、このことは同時に、記紀がこの説話を通して何者を讃えあげようとしているかという点をも浮き彫りにするものである。

両書に於ける讃美の指向が何処に伸ばされているか。ここに到ってもはや、縷々たる弁を用いるには及ぶまい。すなわち前者は雄略天皇を、後者はヒトコトヌシを、この場に於ける相対的優者として描き出す意図を、件の差異のうえに雄弁に物語っている。今し仮に、かかる『古事記』のヒトコトヌシ讃美の描写もまた、上山のいう「没落を強いられる旧豪族たちにたいする慰め」の如き意味を有するものであったとすれば、これは出雲系の神とされるヒトコトヌシについて語る挿話として蓋《けだ》し自然な構成を為しているものといえよう。この点に関しては、豊田国夫も、鬱屈した出雲人の宗教的反抗がその根柢に存しているという可能性を指摘している[19]。

而して、右の如き見立てに沿うならば、本節冒頭で触れたヒトコトヌシとコトシロヌシの同一神説は成り立たなくなるように思われる。詳しくは次節に譲るが、コトシロヌシは出雲の国主オホクニヌシの子として元々は出雲系ではあるものの、高天原の使者であるタケミカヅチが国譲りを迫った際に、これを応諾すべきであるとオホクニヌシに進言した神である。また、国譲りの後は天皇の守護神として、「神祇官八神」にその名を連ねている。したがって、コトシロヌシはその出自を見れば出雲系であるが、あくまでも皇室に由縁の神として扱われていることになる。先の仮説に従えば、かようなコトシロヌシの性質は、出雲系氏族の反抗意識の仮託としての存在というヒトコトヌシのそれとは合致せぬものであるといわねばなるまい。このこと解するべきであろう。

とを踏まえて考えるならば、ヒトコトヌシとコトシロヌシとは、それぞれに独立した二柱の神と解するべきであろう。

また、今一つ注目すべきは、『古事記』に於いてヒトコトヌシが述べている「吾は悪事も一言、善事も一言、言ひ離つ神、葛城の一言主大神ぞ」という名告りの中に見える、「言ひ離つ神」という表現である。これは原文では、「言離神」となっており、「コトサカノカミ」と訓むことができる。この「コトサカ」は、「事解」や「言解」とも書かれ、ことばによって物事を解決する謂であったと考えられる。[20] しからば、ヒトコトヌシは実に、悪事も善事も一言のうちに解決する神という性質を、その名に冠しているということになる。換言するならば、これは物事の吉凶がこの神の一言で決定するということであるから、かかる文言に鑑みてもヒトコトヌシが言語神であるということに疑念を差し挟む余地はあるまい。また、前掲した記紀引用部の神名を見れば明らかな如くに、両書はそれぞれヒトコトヌシの名を「一事主（『日本書紀』）」、「一言主（『古事記』）」と表記しており、「言-事」相即の観念に基づく「コト」用字の混用——あるいは通用というべきか——が生じている。したがって、この神は言語に対する強い信服のもとにその存在を認められていた神であるといえるであろう。

三　ことばを領く神々（三）——コトシロヌシ——

次に見るコトシロヌシは、葦原中つ国の支配者であったオホクニヌシの子であり、タケミカヅチがオホクニヌシに国譲りを迫った際に、その是非についての判断を下した神である。名の「コトシロ」は、恐らく「コト（事乃至は言）-シリ（知る）」の転じたもの[21]であろう。そもそも「知る」という語は、「領る（シル）」と同源であり、対象を自らのものとし、支配するという意を内包するものであった。ゆえに、コトシロヌシとは、「コト」——これはすなわち言辞でもあり且つまた事象でもあるだろう——に纏わる範疇を領有支配する神ということになる。

　コトシロヌシの出典としては、『古事記』に、

> 爾に答へ白ししく、「僕は得白さじ。我が子、八重言代主神、是れ白すべし。然るに鳥の遊爲、魚取りに、御大の前に往きて、未だ還り來ず。」とまをしき。故爾に天鳥船神を遣はして、八重事代主神を徴し來て、問ひ賜ひし時に、其の父の大神に語りて言ひしく、

「恐し。此の國は、天つ神の御子に立奉らむ。」といひて、卽ち其の船を蹈み傾けて、天の逆手を青柴垣に打ち成して、隱りき。[22]

（『古事記』上巻）

とある。この件に於いて、オホクニヌシは「僕は得白さじ。我が子、八重言代主神、是れ白すべし」といい、国を譲るか否かという重大な決断について、これを主神たる自らの口から語らず、子のコトシロヌシに委ねる旨を言明している。このことから、コトシロヌシは極めて大きな権能を認められた神格であったことが窺われる。これに際して、コトシロヌシはオホクニヌシに国を譲るべしとの進言を為し、結果的にオホクニヌシがその意に沿う決断を下したことや、その折にコトシロヌシを導き手に据えれば、葦原中つ国の神々はこれに恭順するだろうと述べていることも、コトシロヌシの発言、延いてはその意思決定に高い威力があったことの裏打ちであるといえるだろう。[23]また、前節のヒトコトヌシと同様にして、神名に於ける「コト」表記の混用という事態が生じている点も見逃してはならない。

『日本書紀』についても、その初出は『古事記』と同じく、オホクニヌシの国譲り神話の件に於いてである。

時に、大己貴神対へて曰さく、「当に我が子に問ひて、然して後に報さむ」とまうす。是の時に、其の子事代主神、遊行きて出雲国の三穂 三穂、此をば美保と云ふ。の碕に在す。釣魚するを以て楽とす。或いは曰はく、遊鳥するを楽とすといふ。故、熊野の諸手船 亦の名は天鴿船。を以て、使者稲背脛を載せて遣りつ。而して高皇産霊の勅を事代主神に致し、且は報さむ辞を問ふ。時に事代主神、使者に謂りて曰はく、「今天神、此の借問ひたまふ勅有り。我が父、避り奉るべし。吾亦、違ひまつらじ」といふ。因りて海中に、八重蒼柴 柴、此をば府璽と云ふ。籬を造りて、船枻 船枻、此をば浮那能倍と云ふ。を蹈みて避りぬ。[24]

（『日本書紀』神代下第九段）

対へて曰さく、「吾が児事代主、射鳥遨遊して、三津の碕に在り。今当に問ひて報さむ」とまうす。乃ち使人を遣して訪ふ。対へて曰さく、「天神の求ひたまふ所を、何ぞ奉らざらむや」とまうす。故、大己貴神、其の子の辞を以て、二柱の神に報す。[25]

（同、第一の一書）

このように、その表現に於いて多少の異同はあるものの、ここでの大凡の筋書きに関しては、

『古事記』の説話と照らすにさしたる違いは見られない。しかしながら、神功摂政前紀三月の条には、神功皇后が卜占《ぼくせん》を執り行い、かつて仲哀天皇に託宣を下した神の名を問うたところ、「天事代虚事代玉籤入彦厳之事代神有り」という回答を得たという記述があり、また同じく天武紀上元年七月の条では、高市県主許梅という人物が神憑りした際に、「吾は、高市杜に居る、名は事代主神なり。」と名告った上で、幾つもの託宣を下している描写が見られる。このことは、神代を経て、コトシロヌシがやがて神託を為す神として見做されるようになっていったという事実を示すものとして、注視すべき点である。

さらに、直截にその名が見えているわけではないものの、この神は萬葉歌の中にもあらわれている。たとえば、『萬葉集』には、

思はぬを　思ふと言はば　真鳥棲む　雲梯の杜の　神し知らさむ　（巻第十二・三一〇〇）

という歌が収録されている。これは、思ってもいないことを思っているといおうものなら、恐ろしい鷲の住む「雲梯の杜」に坐す神が罰をお与えになるだろう、という意の詠である。『出

雲国造神賀詞』には、「事代主命能御魂乎、宇奈提爾坐[26]」とあり、コトシロヌシは「宇奈提（現在の奈良県高市郡の雲梯神社）」に鎮座していると記されていることから、下二句に見える「雲梯の社の神」は、これすなわちコトシロヌシを指しての謂である。而してこのことは、コトシロヌシがことばの真偽を弁別する神という側面をも見出されていたという事実を克明に浮かび上がらせる。

先に挙げた記紀の例や萬葉歌に於ける扱いとも併せて考えるに、このコトシロヌシもまた、言語に対して深い関係を有する神であったと見て大過はなかろう。

結

さて、本章では、萬葉以前の古代文献、わけても『古事記』ならびに『日本書紀』に登場する言語神に焦点を当ててきたが、その過程に於いて、これまでに挙げた三柱の神々は、そのいずれもが祝詞や神託、あるいは真偽の弁別といった事どもを管掌するものとして、ことばに纏わる大きな権能を附託された存在であったということが明らかとなった。このことは、取りも直さず古代人がことばに胚胎する霊威を確信し、且つはそれに対して一際大きな畏れを抱いていたということを照示していよう。

而して、かような性質に目を惹かれるがゆえに、これら古代文献に見える言語神と言霊とを同一視する説というものが、これまで様々な研究者によって提示されてきた。しかしながら、そうした主張の殆どは、言霊の本質や、その概念成立の時期などを等閑に附してしまっており、単に言語と牽連《けんれん》を有しているというその一点のみをもって、両者を半ば強引に結び付けようとしているように思えてならない。無論、言語神の存在と言霊とが全く無関係であると断ずることは勇み足といわねばならないが、これらを即座に、あるいは無批判に等視することに対しては慎重であるべきだろう。

そこで、本節では以下二つの点に注意を払ったうえで、言語神と言霊との関係性に言及し、言霊が概念としてその存在を要請されるに到った理由について、一定の回答を導きたいと思う。

まず一点、注意すべきは、言霊という語が誕生した時期である。本章の冒頭で既に指摘したように、言霊が「コトダマ」という名称を附与され、概念としてその存在を明確にあらわしたのは『萬葉集』に於いてであり、したがって、その成立自体も萬葉の時代を大きく遡るものではないと考えられる。ところが、幾つかの先行研究に目を通してみると、記紀に見える言語神は言霊を神として描いたものであるとか、コトシロヌシは言霊の働きの実権者であるといった説が散見せられる。いうまでもないことだが、こうした記紀神話の神々が生まれたのは、萬葉の時代よりも前である。だとすれば、かかる時系列に鑑みて、これらの言語神たちが時間の経過とともに漸次そのありさまを変じてゆき、最終的には言霊として認識されるようになっていったというのならば兎も角として、言霊を神として描いたものが記紀の言語神であるとか、あるいは彼らが言霊の実権者であったとする如き仮説は当たらないのではないだろうか。無論、同じく冒頭部に述べたように、そもそも言語に霊威が宿るという認識自体がこの時代に存在していなかった、などという主張を為すことを本書は毫釐《ごうり》ほども企図してはいない。なぜならば、かかる認識を抜きにして、言語神という観念が人びとの間に惹起せられるとは到底考えられないからである。だが、この時点での言語の権能に対する人びとの認識と、後に古代人が言霊に対して見出した言語的権能とは、これすなわち同一ではなかったものと考えられる。ゆえに、かかる事実を閑却して、安易に言語神と言霊とを等号で結ぶが如き言説には、疑念を投ぜざるを得ない。

次いで二点目は、ここまでに見てきた言語神たちのいずれもが、人格を有した神として描かれていること、このことである。記紀に登場する諸神の名を見れば、その多くが「‐カミ」や「‐ミコト」という接尾辞を取り除いても、その語尾に霊格をあらわす語が附与されていることが明瞭に観察せられる。かように霊格を指し示す語として、先にコゴトムスヒの「ヒ」について言及したが、このほかにもそういった語は存在している。

たとえば、「チ」や「ミ」などがその例として挙げられよう。「チ」は、「イカヅチ」や「カグツチ」、「オロチ」などの語に於いてあらわれているし、「ミ」については『日本書紀』に「又、生めりし海神等を、少童命（わたつみ）と号す。山神等を山祇（やまつみ）と号す。[27]」という件を見つけることができる。「わたつみ」とはすなわち「海《わた》つ-ミ」であり、同様にして「やまつみ」は「山つ-ミ」ということになる。

こうした、「ヒ」や「チ」、あるいは「ミ」といったものは、日本に太古より存在していた原初的な霊格であり、記紀が編纂されるにあたって「-カミ」や「-ミコト」といった接尾辞とともにそれぞれの役割や人格を与えられ、神としてその存在を措定せられたものであったと考えられる。

而して、「コトダマ」の「タマ」もまた、かような原初的霊格のうちの一つであるが、傾注すべきは、こうした霊格自体は、元来人格を有する存在として観念されたものではないという点である。これは、別言すれば、霊格はあくまでもそれぞれの語が指している霊威、霊力そのものの謂であり、そもそもは神話に登場するような人格神を想定したものではないということである。ゆえに、これらの霊格がやがてそこに「-カミ」や「-ミコト」といった語を附加されることによって、その力や性質を骨子とする人格神として観念されるようになるという流れは首肯せられるとしても、その反対の流れ——人格神の名より霊格を抽出し概念成立せしめるという工程——を想定することは極めて困難である。

加えて、これらはその名称によってそれぞれ異なる霊格であり、したがって、たとえば「ヒ」の霊格を基調とするコゴトムスヒと、「タマ」の霊格としてのコトダマとは、言語に纏わるという共通点こそあれ、各々の成立起源は別のものであると見なければならぬ。かかる観点によっても、記紀の言語神たちが言霊と同一であると捉えるに無理が生じるということが知れよう。松岡静雄が言霊について、

> 字の如く言語の靈をいひ、天兒屋根の命と稱せられるコゴトムスビの神の如きも其一柱であるが、コトダマといふ形に於ては、必しもどの神と指定するのではあるまい。[28]

と分析を下している如くに、殊に言霊を「コトダマ」という概念存在として扱うにあたっては、特定の言語神と結び付けることなく、あくまでも一定の連関、もしくは影響が認められるという範囲にとどめ置いておかねばなるまい。

では、記紀の時代にあっては、かような言語神たちの領《うしは》く範疇であったはずのことばに対して、言霊がその存在を要請されるに到ったのは何故だろうか。その理由は、恐らく以下の如くにある。

日本には、古来「ヒ」や「チ」、「ミ」などに代表される、幾つかの原初的な霊格がその存在を観念せられていた。而して、かような霊格は、記紀が編纂されるにあたって、従来それぞれが有していた霊威を引き継ぐかたちで、そこに描かれた神話を演じる人格神としての役割を担うこととなる。こうした中で、特に言語に関する権能を附与されたものが、本章に於いて取り挙げてきた言語神たちだったのであろう。この時期は、コトシロヌシやヒトコトヌシの「コト」表記に「事－言」の混用が見られることからも、「事」と「言」との相即性が大いに観念せられていたものと考えられる。だからこそ、「言」の「事」化を担うのは当然にして彼ら言語神であり、ゆえにその力はたとえば、「悪事も善事も一言のうちに言い離つ」といった強大且つ直接的なものとして、神話のうちに描述せられることになったのである。

ところが、時代が下り、人びとの間で件の相即性に対する信憑の念が揺らぐにつれて、言語神が持つ力に対しても次第に疑問符が附されるようになっていったはずである。さらば、その時代の人びとにとって、「言」の「事」化という事態の主役はもはや言語神たちではあり得ない。

しかし、だからといって、「事‐言」相即への疑念より進んで生じた言語神への不審感は、その他の領域を掌る神々に対する信仰をも揺るがせにするものとはいえない。すなわち彼らは、既にして疑義の対象へと落伍せし「言語神」というカテゴリに新たな一柱を加えるよりも、降雨を望む際には天を掌《つかさど》る神に、あるいはまた航海の安寧を願う際には海の神にといった具合に、それぞれの事象を管掌する神に対《むか》って、各個に願望を聞き届けてもらう方が有効だと考えたのではなかったか。しかしながら、さような諸般の訴求を為すにあたり、人はもはや直接に神々へと働き掛ける術を有してはいない。なぜなら、「神の代」から「神‐人交渉」の時期を経て「人の代」へと到るという記紀の構造からも明らかな如くに、時恰も神代から人代へと彼らの歴史認識は移行し、今や神と人との間には懸隔が生じているからである。だとすれば当然にして、そこには神々と人との差を補塡する媒介存在が不可欠となるだろう。而して、かような状況のもとに、従来の言語神に代わる新たなことばの霊威の担い手として、且つまた、神と人との間の仲保という役割を負うものとして人びとにその存在を嘱望されたのが、ほかならぬ言霊だったのではないだろうか。

（1）伊藤益は、『ことばと時間』（大和書房、一九九〇）一三五頁に於いて、「ただし、語の非在は、その語によって説明づけられる意識の非在を確示するわけではない。」といい、「コトダマ」という概念が確立する以前に、言語に何らかの権能を認める意識が古代日本人の間に存していた可能性を指摘している。

（2）『古事記』（倉野憲司・武田祐吉校注『日本古典文學大系1　古事記　祝詞』所収、岩波書店、一九五八）一四一頁頭註。

（3）アメノコヤネは『古事記』にもその名が見え、「天兒屋命、布刀詔戸言禱き白して」と、こちらもやはり「岩屋戸籠り」に際して祝詞を奏上する役目を果たしている。ただし、『日本書紀』とは異なり、ここでは「布刀玉命（ふとだまのみこと）」という未詳の神と協働している。

（4）坂本太郎・家永三郎・井上光貞・大野晋校注『日本書紀（一）』岩波書店、一九九四、八四頁。

（5）この「中臣」という氏の名義は、神と人とを仲介する巫覡《ふげき》に由来するとされる。推古・欽明朝には、中臣鎌足の父である弥気や叔父の国子が前事奏官として活躍するなど、中臣氏は神祇官として神事・祭祀を掌る家柄であった。

（6）折口信夫は、「国文学の発生（第四稿）」（折口信夫『古代研究Ⅲ——国文学の発生』所収、中央公論新社、二〇〇三）一三二頁に於いてコゴトムスヒに言及し、「興台」の表記についてこれを「ことゞ」と訓ずるとともに、「日本紀・姓氏録共にこゝとと訓註しているのは、古い誤りであろう」といい、「興台」をコゴトと訓むことに対して否定的な見解を示している。しかしながら、この語については『日本書紀』以前に出来を認めることができず、また、そこに於いて「興台産霊、此をば許語等武須毘と云ふ。」と明記されている以上、やはり「興台」はコゴトと訓ずるべきであろう。

（7）前掲『日本書紀（一）』四四頁。

（8）前掲『古事記』六七頁。

（9）伊藤博『萬葉集釋注 十』集英社、一九九八、二六五頁。

（10）たとえば、伊藤博は、四二五一に見える「事跡」の用字と、他二例のそれとに差異が認められる（前者は乙類、後者はともに甲類の漢字が用いられている）ことから、これを絶縁の意と取ることを疑問視している（伊藤博前掲書、二六六頁）。

(11) 折口信夫前掲書、一四〇頁。

(12) おそらく折口は、「コトド」という語を「コト」の畳尾語として解しているものと思われる。而して、ある語が部分畳語となった場合に、畳頭・畳尾の別がその語意に対して顕著な相違を齎すとは考えがたいため、これが仮に畳語であったとすれば、「コゴト（畳頭）」と「コトド（畳尾）」との間に意味上の差異は存在しないということになり、「興台産霊」を「コトドムスヒ」とする折口の説にも一定の正当性が認められ得る。しかしながら、本章註（6）に於いて言及したように、「興台」の訓みについては『日本書紀』に「許語等（コゴト）」であると明確に示されており、そうである以上は、折口の解釈の如きはやはり臆説とせねばなるまい。

(13)「ヒ」の霊格を冠する例としては、ほかに「マガツヒ（禍津日）」がある。ちなみに、「ヒ」の語源については「日」のほかに、神秘力を表す「秘」と同源と見る説もある。

(14) 坂本太郎・家永三郎・井上光貞・大野晋校注『日本書紀（三）』岩波書店、一九九四、三四頁。

(15) 前掲『古事記』三一七頁。

(16)『日本書紀』には、雄略天皇とヒトコトヌシとが互いに名告りを挙げたのちに、「遂に与に遊田を盤びて、一の鹿を駈逐ひて、箭発つことを相辞りて、轡を並べて馳騁」（前掲『日本書紀（三）』三四頁）したと記されている。

(17) 三品彰英「記紀の神話体系」（三品彰英『三品彰英論文集　第一巻』所収、平凡社、一九七〇）一二一頁。

(18) 上山春平『続・神々の体系』中央公論社、一九七五、三一頁。

(19) 豊田国夫『言霊信仰』八幡書店、一九八五、六九頁。

(20) たとえば、松岡静雄は「コトサカ」という語について、「神威によって之を有効ならしめるといふ信仰が上代人の間に存し、之を表現する爲にもコトサカといふ語が用ひられたのであらう。」（松岡静雄『新編古語辞典』刀江書院、一九三七、二三〇頁）と分析している。かような見立てに沿うならば、言霊が登場する以前の時期にあっては、言語の威力を管掌しその内容を実現させる、すなわち「事」化する役目を担っていたのは、やはり言語神であったと考えられる。

(21) 恐らくは、領有支配を意味する「シル」と、尊敬をあらわす「ス」とが接続したことで生まれた「シロス」という語が本来であろう。すなわちコトシロヌシとは、「コトシロス‐ヌシ」というのがその名義であったと考えられる。

(22) 前掲『古事記』一二三頁。

(23) 『古事記』には、オホクニヌシが国譲りを決断する場面に於いて、「亦僕が子等、百八十神は、即ち八重事代主神、神の御尾前と爲りて仕へ奉らば、違ふ神は非じ。」と述べる件が見える。この役目が縁となり、後にコトシロヌシは皇室由縁の神として『延喜式』に名を連ねることとなる。

(24) 前掲『日本書紀（一）』一一八頁。

(25) 同、一三〇頁。

(26) 『出雲国造神賀詞』（倉野憲司・武田祐吉校注『日本古典文學大系1　古事記　祝詞』所収、岩波書店、一九五八）四五四頁。

(27) 前掲『日本書紀（一）』四〇頁。

(28) 松岡静雄前掲書、二三一頁。

第三章　萬葉歌の言霊

序

前章に於ける考察では、記紀神話にあらわれる言語神のすがたを確認しつつ、そうした神々が次第に信仰の対象から凋落し、それに代わる新たなことばの権能の担い手として「言霊」が観念せられるに到ったのではないかという主張を為した。では、かかる経緯によってその存在を観念せられた言霊とは、一体どのようなものとして古代人らに認識されていたのであろうか。このことを知るうえには、実際に文献上に登場する「コトダマ」のすがたを観察する必要があるだろう。而して、その初出である『萬葉集』に於いて「コトダマ」が歌中に詠み込まれているものは、全部で三首が確認できる。本章では、かかる三首についてその内実を精査し、古代人の言霊に対する認識が如何なる態様を為すものであったかという如上の疑問について、少しく踏み込んで検討してゆきたいと思う。

一　人麻呂歌集歌

まず取り挙げたいのが、前述した三首のうちの一首（三二五四）を含む、柿本人麻呂の作とされる(1)二首の詠歌である。いずれの歌についても、第一章に於いて少しばかり触れたものであるが、ここで今一度俎上に載せ、銘々の内容を詳らかに確認してみよう。

柿本朝臣人麻呂が歌集の歌に曰はく、

葦原の　瑞穂の国は　神ながら　言挙げせぬ国　しかれども　言挙げぞ我がする　言幸く
ま幸くいませと　障みなく　幸くいまさば　荒磯波　ありても見むと　百重波　千重波に
しき　言挙げす我れは　言挙げす我れは　（巻第十三・三二五三）

反歌

磯城島の　大和の国は　事霊の　助くる国ぞ　ま幸くありこそ　（同・三二五四）

「言霊」という概念の内実について考究するにあたり、当該二首の有する意義は極めて大きい。まず、三二五三には言霊と重要な牽連《けんれん》を有していると考えられる「言挙」という特殊な発話行為に関する文言をはじめとして、萬葉期に於けることばへの認識や自国というものに対する意識が披瀝されている。また、それに続く反歌として詠まれた三二五四も、同様にして自国への意識を看取することができるのみならず、「コトダマ」という語が実際に歌中に用いられており、且つはその「コト」表記に「事」字が当てられている。すなわち、これら二首は「言霊」という概念や、そこに纏綿《てんめん》する古代人の言語思想についての追究はもとより、「事－言」両字の通用実態を勘案するにあたっても、極めて示唆に富むものであるといえる。

それぞれの歌意は、凡そ以下のようなものである。

葦原の瑞穂の国、この国は神の御心のままにままに、言挙をしない国です。ですが、私は敢えて言挙をするのです。この言挙が祝福するように、どうかご無事でいてください。障り無くご無事でいらっしゃれば、荒磯に寄せる波のように、再びお目に掛かれるのだと、百重に千重に寄せ来る波のように、幾度も幾度も、繰り返し言挙をするのです、私は。言挙をするのです、私は。（三二五三）

磯城島の大和の国は、言霊が祝福を与えてくれる国なのです。ですから、どうぞご無事で行って帰って来て下さい。（三二五四）

かかる二首は、大宝元年（七〇一）に結成し、その翌年に大陸へと派遣された粟田朝臣真人を執節使とする第八回遣唐使の一行に対して、その旅行きを予祝する贐歌として詠まれたもの(2)であると推認せられる。而して、この一団に当時無位であった若き日の山上憶良が少録（記録係）として参加していたという事実は、次節に於いて扱う「好去好来の歌」を考えるうえで見過ごせない点であるということを、ここで予め述べておこう。

ところで、当該二首には、一つの疑問点が見受けられる。それは、三二五三と三二五四とが、その内容に於いて恰も齟齬を来しているかの如くに見えるという点である。三二五三はその冒頭に於いて、「葦原の瑞穂の国は神ながら言挙げせぬ国」であるとうたっている。すなわち、かかる冒頭部は、日本（＝葦原の瑞穂の国）が神意に遵《したが》って言挙を行わない国であるという見解を闡明しているのであって、これは一見して言挙を忌避すべきものとして否定的に扱っているかの如くに思われる。ところが、その直後に当歌は、遵守すべきであるはずの「神ながら言挙げせぬ」という姿勢を翻し、「しかれども言挙げぞ我がする」と力強く宣言したうえで、結部に於いてかかる決意を二度にわたり繰り返すのである。また、その反歌である三二五四では、日本は「事霊の助くる国」であると述べ、「ま幸くありこそ」と一行の無事を願っている。而して、この「ま幸くありこそ」という文言は、三二五三に於いて人麻呂が「言挙げぞ我がする」と宣言した直後に見える「言幸くま幸くいませと障みなく幸くいまさば」という部分と、内容に於いて照応関係を形成していると考えられる。さらば、二首の構造を按ずるに、かかる反歌はそれ自体がまさしく三二五三にいう「言挙」の内実を具体的に表白したものであるにほかならない。すなわち、これら二首の内容は言挙を忌避するどころか、むしろこれを積極的に諾《うべな》うかのような内容であると解せられるのである。二首のうちに披瀝された、言挙を巡るかような認識の位相は、一体如何なる理由によって惹起せられたものであろうか。

ここで注目すべきは、自国を呼称するにあたり二首それぞれが採用している表記の差異(3)である。三二五三の「葦原の瑞穂の国」と、三二五四の「磯城島の大和の国」とは、ともに日本の名称としてあるが、厳密にいえば、これらは同一の対象を指し示しているわけではない。前者は『古事記』や『日本書紀』などに見える「豊葦原之千秋長五百秋之瑞穂國」に由縁する語であり、これは日本神話に於ける日本の謂である。一方、後者の呼称は、崇神・欽明両天皇が大和国の磯城郡に都を置いたことに端を発するもので、天孫降臨以降、すなわち人代の日本に対して用いられる名称なのである。当該二首がいずれも人麻呂の手に成るものであろうこと、且つまた、これらが第八回遣唐使の餞宴に於いて同時に披露せられたものであろうことに鑑みるに、かかる呼称の使いわけは意図的なものと解するのが妥当であろう。

　だとすれば、先程投じた言挙に対する認識の位相についての疑問は、解消の途へと向かうことになる。なぜなら、人麻呂は、神代の日本——葦原の瑞穂の国——に於いては神意に遵《したが》って言挙をせぬものだが、人代——磯城島の大和の国——にあってはその限りではない、という視座のもとにこれら二首を詠んだに過ぎぬという解釈が可能となるからである。而してこのことは、人麻呂が言霊をどのように捉えていたかという点をも浮き彫りにする。

「葦原の瑞穂の国」が言挙を必要としないのは、「神ながら」であると三二五三はうたう。これは、神代に於ける神意の絶対性を前提とした考えである。すなわち、神代の「葦原の瑞穂の国」にあっては神意が遍く貫流しているゆえ、神に対《むか》って殊更に何事かを言い立てずとも、その祝福に与かることができるという認識がここには存している。

ところが、人びとが生きる「磯城島の大和の国」にあっては、事態はそう単純ではない。人生に於いて、どれだけ心中に希《こいねが》おうともままならない事態、換言するならば、何かを一心に願っても神意の発動が見られない現実に直面したとき、彼らは神代と人代との乖離を炳乎《へいこ》として感覚したはずである。而していうまでもなく、人麻呂もまた人代である「磯城島の大和の国」を生きる者であった。ゆえにこそ、人麻呂は「しかれども言挙げぞ我がする」という態度を確然と表明したのではなかったか。言挙をすること、それはやがて言霊の威力を恃むことである。すなわち、人麻呂は神意の通底する神代と、そうではない人代との落差を補填するものとして、ここに言霊の存在を呼び込んだのである。

また、三二五四には、今一点注目すべき箇所がある。それは、第四句に見える「助くる国ぞ」という文言である。かかる表現は、人麻呂が言霊を如何なる性質のものと捉えていたかを語り示すものとして、看過すべからざるものである。これまで言霊は、多くの研究者たちによって、ことばに宿る「言語精霊」に対する信仰として解釈されてきた。これはすなわち、ある内容を言語化して表出すれば、言語に宿る精霊の力によってその内容が「事」化され、現実の事象として顕現するのだという考え方である。かかる見解を採るならば、「言語精霊」すなわち言霊がその霊威をもって直接的に「言」を「事」化せしめることになるわけであるから、なるほどこれを先学が「言霊信仰」と呼び馴らしていたのも肯ける話である。

ところが、三二五四を見る限りでは、かくの如き従前の言霊解釈に対して、諸手を挙げて賛成というわけにはゆかなくなってくる。三二五四では、「磯城島の大和の国」は「事霊の助くる国」であると表現されているが、この「助くる」という語は、ある行為の主体に対する助成の意[4]であり、それ以上の直接的な介入を含意する謂ではない。だとすれば、三二五四でいわれている言霊は、その霊威をもって事象に介入し、「言」を「事」化せしめるといったような直接的行為者ではなく、あくまでも手を貸すのみの間接的な存在に過ぎぬということになるのではないか。このことは、人麻呂が言霊を、「言」の「事」化に際して間接的に作用するのみの媒介存在として捉えていた可能性を際立たせるものであるといえよう。

而して、言霊を巡るかような古代人の認識の位相は、山上憶良の手に成る有名な長歌「好去好来の歌」の内容を検めるとき、一層明確に立ち顕れてくる。

二　山上憶良「好去好来の歌」

神代より　言ひ伝て来らく　そらみつ　大和の国は　皇神の　厳しき国　言霊の　幸はふ国と　語り継ぎ　言ひ継がひけり　今の世の　人もことごと　目の前に　見たり知りたり　人さはに　満ちてはあれども　高光る　日の大朝廷　神ながら　愛での盛りに　天の下奏したまひし　家の子と　選ひたまひて　勅旨　戴き持ちて　唐国の　遠き境に　遣わされ　罷りいませ　海原の　辺にも沖にも　神づまり　うしはきいます　もろもろの　大御神たち　船舳に　導きまをし　天地の　大御神たち　大和の　大国御魂　ひさかたの　天のみ空ゆ　天翔り　見わたしたまひ　事終り　帰らむ日には　またさらに　大御神たち　船舳に　御手うち懸けて　墨縄を　延へたるごとく　あぢかをし　値嘉の崎より　大伴の御津の浜びに　直泊てに　御船は泊てむ　障みなく　幸くいまして　早帰りませ

（巻第五・八九四）

右は、山上憶良による「好去好来の歌」と題された長歌である。その直後には反歌として、八九五、八九六の二首が添えられている。

当歌は、天平五年（七三三）に、第十回遣唐使の大使に任ぜられた丹比真人広成に贈った餞歌であり、[5]前節に見た三二五三ならびに三二五四と同様の目的、すなわち遣唐使の航行の安寧を祈念するために詠まれたものと見える。また、前節に於いて一言した如くに、人麻呂の餞歌が贈られた遣唐使の一団には憶良が参加していたものとおぼしい。したがって、憶良にとって三二五三、三二五四の二首は既知のところであったと推断せられる。[6]それゆえ、当歌の前半に「言霊の幸はふ国」との文言が見えているのも恐らくは偶然ではなく、件の人麻呂歌集歌の表現を下敷きにしたものと見て相違あるまい。

先に当歌の歌意を見てみよう。

神代の昔より言い伝えられて来たことには、この大和の国は、皇祖の神の神威隆々たる国であり、言霊によって祝福される国であると、語り継ぎ、言い継いでまいりました。このことは、今の世の人も、みな悉く目の当たりにし、知っていることであります。大和の国は多くの人で満ちておりますが、畏れ多くも畏くも、照り輝く日の御子であらせられる天皇が、その御心のままに、天下の政治をお執りになられた名家の子息としてあなたをお選びになったので、あなたはその勅旨を奉戴し、唐という遠い国へとご出発なされるのです。そこで大海の岸にも沖にも鎮座坐す諸々の大御神たちは、船の舳先に立って先導し、天地に御座す大御神たち、わけても大和の国霊は、天空を駆け巡って、遍くお見渡しになるでしょう。また、あなたが大命を果たしてお帰りになるその日には、大御神たちは再び船の舳先にその御手をお掛けになり、まるで墨縄を引き延ばしたように、値嘉の岬から大伴の御津の浜辺へと、一直線に船は到着するでしょう。障り無く、ご無事でいらっしゃって、また、お早くお帰り下さいますように。

瞥見するに、航海の安全を祈願する文言に終始しており、内容自体としては特段変哲のないものであるように思われる。しかしながら、当歌は、憶良の考える言霊とは一体如何なるものであったかという点に対する、極めて枢要な示唆をその内に孕んでいる。

先にも述べたように、当歌の目的は遣唐使一行の道行きを予祝することにある。ゆえに、憶良は当歌を通して、「大和の国」が言霊によって祝福される国であるという視座のもとに、一行の無事を願う思いをここに表出しているということになるだろう。而してこれは、前節に於いて考察した人麻呂歌集歌と同様の意図に沿うものであり、遣外使への餞《はなむけ》というその歌柄に照らして何らの問題もない。ところが、「罷りいませ　海原の……」より続く歌の内容は、よく見ると一種異様なものとなっている。

この箇所で憶良は、その旅路の幸多からんことを、具体的な描写を添えて滔々《とうとう》と詠じている。かように道中に関して仔細に述べる文言は、先の人麻呂歌集歌には見られぬものであった。而して、何よりも際立っているのは、憶良がその歌中に於いて「大御神たち」の存在を重畳し、語っていること、このことである。これは一体何を意味しているのだろうか。

「言霊の幸はふ国」という表現が歌中に出現していることから、憶良が言霊の存在を見据えたうえで遣唐使の安全な道行きを顕現せしめようと企図していたことは言を俟たない。だが、当歌の内容を追う限り、実際にその道程に於いて一行を守護するための諸々の行動の担い手は「大御神」らであり、言霊ではない。だとすれば、言霊とはそれ自体が直接に「言」を「事」化せしめる類のものではないという認識のもとに、憶良は当歌を詠じていることになる。すなわち、当歌にあらわれている「言霊」は、ある願い——ここでは航海の無事ということになる——を神に対して要求する際に、その願いを神のもとへと届けるための媒介としての役割を担うものとして措定されているのであり、このことは、憶良の前提する言霊のありかたが三二五四に於ける言霊のそれと相似したものであったという可能性を我々に呈示する。

而して、かような解釈に基づいて「好去好来の歌」の内容を整理するならば、次のようになる。まず、人がとある事態を希求し、その実現を図ろうとする。ところが、人麻呂歌集歌でいう「磯城島の大和の国」、すなわち人代であるところの日本に於いては、ただ黙しているだけでは神意の発揮は確約せられない。そこで、人は何らかのかたちで言霊の霊威を発動させようとする。すると、言霊が「大御神」たちに働きかけ、その神意を動かす。かくして言挙の内容は神々の力によって現実となり、「言」の「事」化が実現せられることとなる。かような「人‐言霊‐神」という構造のもとに、憶良は言霊を認識していたのではないだろうか。

ここで今一度喚想すべきは、当歌と人麻呂歌集歌との関係性である。憶良の「好去好来の歌」と三二五三との間には、歌の主題やその内容、果ては歌中に用いられている語に到るまで、多岐にわたる類似が認められる。また、三二五三が贈られたとおぼしき第八回遣唐使に憶良が参加していたという、先に述べた史実とも考え併せるに、やはり憶良にとって三二五三の内容は既知のものであったと見るべきである。すなわち、「好去好来の歌」は三二五三の影響のもとに詠まれたものであり、言霊に対する憶良の理解もまた三二五三に於ける言霊への認識を前提として構築されていたがゆえに、如上の相似が出現するに到ったのであろう。

しかしながら、「好去好来の歌」と人麻呂歌集歌には、一点の決定的な差異が認められる。それは、人麻呂歌集歌がその作中に於いて、「しかれども言挙げぞ我がする」という強い決意の表明とともに言挙を執行していたのに対し、憶良はさような言及を歌中に一切差し挟むことなく、さも当然であるかの如くに当歌を通して言霊の霊威を恃もうとしているという点である。人麻呂歌集歌の詠風を踏襲して作られたとおぼしい当歌にあって、言挙に関する姿勢のみが閑却せられているのは一体如何なるゆえであろうか。

かかる疑念に対する答えは、畢竟両者の「コト」表記のうちに存しているものと考えられる。上代に於ける「事‐言」の混用は、ことばにした内容がやがて事象として顕現するという観念に基づくものである。前節の人麻呂歌集歌に於いては、その「コト」表記に際して「事」の字が当てられていた。而して、これを率直に解すれば、人麻呂は「事」と「言」とが相即するという件の観念のもとに、「コトダマ」を「事霊」と表記したということになる。しかしながら、この解釈は聊《いささ》か短絡に過ぎるであろう。というのも、もし人麻呂が「事‐言」の相即という観念に対して全幅の信頼を寄せていたのであれば、わざわざ強いて「しかれども言挙げぞ我がする」などと言い出す必要がないからである。また、人麻呂は三二五三に於いて幾度も言挙を執行する旨を述べているが、これは喫緊の必要性に駆られてのもの、別言すれば、「言」の「事」化という事態の発現が決して楽観視できぬ状況に際しての対応であるとも解釈し得る。

では、人麻呂が「事」と「言」との相即性について、これを完全に棄却する立場にあったかといえば、それもまた当たるまい。なぜなら、前節で述べた如くに、人麻呂は神代の如き神意の通底を前提とした発話行為なき願望実現は望めないとの立場にはあったものの、言霊を媒介とした発話行為による「言」の「事」化に関してはその可能性を認めており、それゆえその歌中に於いて積極的に言挙すべきとの態度を採っているものと考えられるからである。すなわち、人麻呂にあっては、ことばに対する信頼は是にも非にも偏っていない状態、約言すれば揺らいだ状態であったものと推認し得る。だからこそ、人麻呂は一方では、本来行わないものであるはずの言挙を敢えて執行するのだと宣言しながらも、また一方では「事‐言」の相即性という観念に基づくかたちで、「コトダマ」を敢えて「事」霊と表記したのではなかったか。

　翻って、憶良の場合はどうであろうか。先程も触れたように、憶良は「好去好来の歌」の中で、言挙に関して何らの言及も為してはいない。そも、言挙という語を用いてすらいないのである。しかしながら、一方で「言霊の幸はふ国」という表現を盛り込んだかかる作歌に於いて、神々の存在に言及しながら旅行きを予祝しているということは、取りも直さず、憶良が当歌を言挙と同様の行為と捉えていたということにほかならない。

　では、何ゆえ憶良は人麻呂と同じように、言挙の執行を表明しなかったのか。畢竟するにその理由は、憶良の心中に於いてさような言明を為すことに対する必然性というものが観念せられていたか否かという点に存していよう。要するに、憶良にとって言挙とは、わざわざその執行を宣言するまでもない、謂わば当然の行為として認識されていたのである。

恐らく、人麻呂に於いて揺らぎを生じていた「事」と「言」との相即性に対する信頼が、憶良に到ってついに明確に疑義の対象へと顛落したのではないか。仮にそうであるならば、言挙による言霊の躍動無しに神意の発動を期待することはむつかしい。さらば、予祝に際しては言挙を行うほかはなく、したがって、当歌に於いては言挙という行為そのものが必然性を有することとなる。だからこそ、憶良は歌中に於いて殊更に言挙を宣言するのではなく、歌の内容のみをもって言挙を行う形式を採ったのであろう。だとすれば、第一章に於いて呈示した、「好去好来の歌」に於ける「コトダマ」に対する表記が憶良の意図的なものであったとする見立てが、俄にして正当性を帯びてくることとなる。すなわち憶良は当歌に於いて、自身のことばに対する認識に沿い、「事」と「言」とに含意せられるところに、明確な境界線を画しているのである。而して、かような憶良の如き認識が時代の趨勢となったことで、「事」と「言」とは癒着していた意味を分化せられ、それに伴うかたちで両者の混用もまた廃れていったのではないだろうか。

三　夕占問の歌

事霊の　八十の衢に　夕占問ふ　占まさに告る　妹は相寄らむ　（巻第十一・二五〇六）

右の一首は、人麻呂歌集の「寄物陳思」から『萬葉集』へと収められたものであるが、人麻呂自身の詠であるかは不明である。しかしながら、諸先行研究から推察するに、少なくとも人麻呂所縁の人物乃至は彼と同時代の人物によるものと判ずることは可能であろう[7]。

当歌は、

言霊の八十の衢で夕占を問うたところ、その占はまさにかく告げたのである。お前が思いを寄せるあの子は、きっとお前に靡き寄るだろう、と。

という意味である。初句の「事霊」が、続く「八十の衢」の枕となっており、さように言霊の霊威に満ちた衢《ちまた》を舞台にして詠者が夕占《ゆうけ》を行うという、まさしく言霊を恃む古代人の感覚を表白するかの如き興味深い内容を詠み出した作である。

第三句に見える「夕占問ふ」とは、道辻に立って往来する人の話を聞き、その内容から物事の吉凶や禍福を占う「辻占い」の一種で、特に夕暮時に行われるものをいう。古代人は、夕暮時を「誰そ彼時」または「彼は誰時」と呼び、そこに神秘性を感得していたようである。擦れ違う者の顔貌すらも判然としないこの時間帯は、あらゆるものが影を帯び、その存在を不可知な異物へと変容させる。人びとはそこに、おのれの与かり知らぬもの、すなわち精霊や悪霊が跳梁跋扈する異界を見たのであったろう。薄暮時を「逢魔が時[8]」などと呼ぶのもまた、かかる感覚と同根の発想に基づくものである。而してここでの精霊には言霊も含まれており、したがって、言霊は夕刻を迎えると盛んに活動するものと信じられた。だからこそ、ことばを媒体とした卜占《ぼくせん》であるところの辻占いは、その威力の昂揚を期待し、努めて夕暮時に行われていたものであるらしい。

また、この辻占いに於いて今一つ重要なのが、「マレビト[9]」に対する信仰である。「マレビト」とは漢字で「稀人」と書き、余所からの来訪者の謂である「客人（まろうど）」の語源ともなった語であるが、元来は遠方から訪れる神聖な旅人を指すものであった。古代には、かような旅人を仮装した来訪神と見做してこれを歓待する習慣があり、また、神である彼らの発することばには霊妙な力が宿るものと考えられていた。それゆえ、道行く人を一種の旅人、すなわち「マレビト」として捉えることで、その発語のうちに神意を見出そうとする辻占いが成立したのである。[10]

而して、さような「夕占問」の場に主として選ばれたのが、第二句にある「八十の衢」である。衢は、もと「道股」の転じたものであり、道が交差する場所をいう。こうした道辻は、古来「衢神」すなわち道祖神が宿る場として神聖視されており、とりわけ道々が交差し、多くの旅人（＝マレビト）が往来する場所は「八衢」や「八十衢」と呼ばれ、様々な霊魂や精霊が集まってくるものと信じられた。かように衢を神聖視する信仰は、『古事記』の「天孫降臨」の逸話に於いて、葦原中つ国を統治するために高天原から天降りしたニニギノミコトを国津神である猿田彦が迎えたのが「天の八衢」という場所であり、その逸話の内容から、後に猿田彦が道祖神と同一視されていったことを背景として成立したものと考えられる。

かような点を踏まえるに、当歌の初句「事霊の」は、やはり「八十の衢」に掛かる枕と見るべきであり、上三句をより具さにすれば、言霊の霊威が跳梁する神聖な八十の衢で、精霊の力が活発になるという夕暮時を選び、マレビトの発することばでもって、私は事の吉凶を占ったのだ。

といった意味になるだろう。

而して、かかる「夕占問」によって詠者が得た託宣の結果が、結句に見える「妹は相寄らむ」という内容であった。第四句に用いられている「告る」とは、神や天皇がその神意乃至は聖意を表明することや、あるいは濫《みだ》りに口に上すことが憚られる内容を明確に述べることである。当歌に於いては、「占」が「告る」のであるから、前者の意で用いられているが、この語はト占によって得た回答に対する詠者の信憑の深さを示しているものと思われる。

また、この下二句の主述の関係を見るに、当歌もまた、先に述べた人麻呂や憶良の言霊観と同様の視点を有したものであると思われる。というのも、上三句に言霊という語が出てきているにも拘らず、実際に詠者に対して託宣を下している主体は「占」であって、言霊ではないからである。すなわち当歌は、「八十の衢」に潜む言霊の霊威を期待して「夕占」を行い、その「占」という形式での要請に対して神が回答を与えるという構造を有しているのであり、その意味ではここでの言霊も、やはり人と神とを繋ぐ媒介存在として措定されているものと見てよいだろう。

夕占問の結果に寄せる詠者の期待感や信頼感は、初句に於いて「コトダマ」が事霊と表記せられていることからも窺える。もしこの詠者の内に、ことばに対する多大な不審感が醸成されていたならば、「コト」の表記に際して、敢えて「事」の字を当てる必要はない。すなわちこれは、ことばの有する霊威に対する一定の信頼の念が、当歌に於いては未だ活きているということを示唆するものであるといえる。このことは、前節に取り挙げた人麻呂歌集歌の三二五三および三二五四での「コト」表記に於いて同じく「事」字が用いられているという事実と併せても、当歌が誰による詠かという前掲の問題に対する先行研究の結果[11]と牴悟《ていご》せぬものであり、穏当な見解であるといえよう。

次いで今一つ目を配るべきは、当歌およびこれに続く二五〇七と、「夕占問」を詠んだその他の作歌との内容の相違についてである。

玉桙の　道行き占に　占へば　妹は逢はむと　我れに告りつる　（巻第十一・二五〇七）

右の一首は、二五〇六と連番で配置されていること、また、歌の内容が酷似していることから、前歌と同時期に詠まれた作か、あるいは連作と見てよかろう。これら二首に関しては、

ともに、辻占に立つ男の姿や息づかいが見えるような歌である。当時の生活状況が率直にうたわれていて貴重。調べも期待ではずんでいる。自分の都合のよいように辻占の言葉を引きつけてしまうのであろうが、「占まさに告る」「我れに告りつる」には、そういう強引な自己を一心に客観視しようとする呼吸があり、女への愛情の高さが伝わってくる。(12)

という伊藤博の評にもあるように、吉と出た占いに対する期待感に溢れた歌調となっている。ここに表白せられている期待感は、取りも直さずことばへの信頼に裏打ちされた類のものであったのだろう。しかしながら、一方で単に「コト」表記が「事」だからということのみをもって、それすなわち「事」「言」の相即という観念の発露であると断ずるのは根拠薄弱であるとする向きもあるだろう。そこで、二五〇六や二五〇七と同様に「夕占」に取材した萬葉歌を検め、その内容を比較してみたい。

『萬葉集』に収録されている辻占いを題材にした歌は、二五〇六・二五〇七のほかにも数多く存在しているが、その歌中に於いて実際に「夕占」の語を用いている例は二五〇六を含めて十首を数える。以下にそのうちの数首を挙げてみよう。

夕占にも　占にも告れる　今夜だに　来まさぬ君を　いつとか待たむ
（巻第十一・二六一三）

逢はなくに　夕占を問ふと　幣に置くに　我が衣手は　またぞ継ぐべき
（同・二六二五）

夕占問ふ　我が衣手に　置く露を　君に見せむと　取れば消につつ
（同・二六八六）

夕占にも　今夜と告らろ　我が背なは　あぜぞも今夜　寄しろ来まさぬ
（巻第十四・三四六九）

二六一三は、

夕占でも、他の占いでも「来る」とお告げのあった今夜、その今夜でさえもおいでにならないあなたを、ではいったい何時いらっしゃると思ってお待ちすればよいのか。

の意である。夕占をはじめとして様々な占いを行い、それらが悉く好い結果であったにも拘らず、それに沿わぬ現実に直面し、その乖離を嘆き悲しむ心情が詠まれている。次いで二六二五は、

お会いすることができないので、夕占を問おうとして衣の袖を幣として置くものだから、私の衣はまた袖を継ぎ足さなければならない。

の意である。夕占問の際に、自らの衣服を切り取り、それを幣として捧げたのであろう。結句に「またぞ継ぐべき」とあることから、詠者がこれまでに幾度も夕占を行ったことがわかる。これは翻って、これまでに行ってきた夕占の結果と現実とがそぐわぬものであったことを意味していよう。

二六八六は、

夕占問をしようと道に立っている私の袖に置く露、その白露を愛しいあなたにお見せしようと手に取るけれども、その端から消えて行ってしまって。

となる。袖の白露を見せたいと思うけれども、肝心のその相手が来ない。そうしている間にも、手に取った露は次から次へと消えて行ってしまう。このまま待ち惚けになってしまうのではないかという不安が、儚く消える露に仮託されているようにも見える。最後の三四六九は、

夕占でも、「今宵」と出た愛しいあのお方は、どうしてその今宵でさえ、寄って来てはくださらないのだろうか。

の意となる。こちらもやはり、夕占の結果が当たらなかったことに対しての慨嘆を詠んだ内容となっており、先の二六一三との類似性が見受けられる。

これら四首に於いて共通しているのは、そのいずれもが夕占によって得た託宣の内容と現実とが相反しているという点である。かような歌々に於いては、夕占の結果に対して期待感を募らせる前掲二首の如き躍動の調子は見られず、待ち人が訪れないことへの不安や、会えないこ

とへの悲嘆が表白せられている。これらの歌に詠まれている夕占は、もはや信じるに能うものではなく、それどころか、不審不満の対象のようですらある。この点に関しては、豊田国夫も前掲二首（二五〇六および二五〇七）のみが積極的に言霊への信頼を表出した内容となっており、そのほかの「夕占問」の歌は、ほぼその全てが消極的信用にとどまるとする見解を披瀝している。(13)而して、かような例は、翻って夕占に対する信頼の源泉となっていたもの、すなわちことばの持つ霊威に対する不審の念が、これらの歌を詠んだ者たちのうちに醸成されていたことの示唆であるともいえるであろう。

このように見てみると、「コト」の表記を「事」として詠み込んでいる二五〇六と、続く二五〇七の二首は、その他の例と比較するに、やはり夕占で得た託宣に対して肯定的な態度を表明しているように見える。したがって、二五〇六の詠者は、少なくとも「コト」表記を「事」とするに抵抗感や疑義の念を抱かぬ程度には、「事」と「言」との相即性に対する信頼感をその内に有していたのではないかと考えられる。

結

さて、本章では、「コトダマ」の語を含む三首をそれぞれ詳しく見ていくことを通して、萬葉歌に於ける言霊について思惟を巡らせてきたが、その過程で言霊が如何なる存在として人びとに認識されていたかという点に関しての重要な仮説を得るに到った。それは、言霊がその霊威で直接的に「言」の内容を「事」として顕現せしめるという、従来に於いて考えられていたようなものではなくして、実際に「言」を「事」化するのはあくまでも神々であり、言霊はそうした神々と人とを繋ぐ媒介として要請された存在であったということである。

「コトダマ」の「コト」表記に関しては、人麻呂による三二五四やこれと同時期の作とおぼしい二五〇六とが「事」字を用いているのに対して、憶良の八九四では「言」と表記せられている——而してこれは恐らく意図的な措置である——ことから、憶良の時代と前後するかたちで、「事」と「言」とが相即するという観念は徐々に閑却されるようになっていったものと推断せられる。

また、三二五三の中で人麻呂が再三にわたって宣言していた言挙の執行が、八九四に於いては全く触れられていないことからも、憶良がこれを当然の行為と捉えていたであろうことが窺える。このことは翻って、「言」の「事」化という事態の有効性を巡る危機意識が、人麻呂の時期に於けるそれよりも遥かに差し迫った状態で憶良の中に存在していたということでもあるだろう。

ここで、新たな疑問点として浮かび上がってくるのは、この「言挙」という発話行為が一体如何なる意味を持つものであったかということである。件の人麻呂歌集歌に於いて、言霊とともに「言挙」という語が用いられていることや、その三二五三と形式や製作意図の面で強い類似性が認められる憶良の「好去好来の歌」に言霊という語があらわれてくることは、恐らく偶然ではあるまい。したがって、「言挙」が言霊に対して何らかの重要な意味を持つ行為であったことは間違いないだろう。本章に於いては、この「言挙」について詳しく触れることなく論を進めるかたちになってしまっているが、言霊への理解をより深く正確なものとするためには、「言挙」と言霊とが如何なる牽連を有するものであったかということを少しく踏み込んで観察してみる必要がある。そこで次章では、記紀から萬葉に到るまでの古代文献の中にあらわれている「言挙」という語の諸用例を見ていくことで、かかる概念の内実について検討してゆきたいと思う。

（1）左註に見えるように、三二五三および三二五四は「人麻呂歌集」所収の歌であり、『萬葉集』の巻第一から巻第四および巻第十五に収録されている人麻呂作歌と違い、人麻呂本人の詠であることが確示されているわけではない。しかしながら、今日の人麻呂研究に於いては、人麻呂歌集歌のうちで非略体書式の歌については人麻呂本人の詠である可能性が極めて高いとされている。而して、三二五三ならびに三二五四は非略体で記されており、ゆえにこれらは人麻呂自身の手によるものと見るのが穏当である。本書では、差し当たりその呼称に於いては「人麻呂歌集歌」に統一して表記するが、その詠者はあくまでも人麻呂であるという前提のもとに論を進める。なお、人麻呂歌集歌の分類に関しては、阿蘇瑞枝『柿本人麻呂論考』（桜楓社、一九九八）に詳しい。

（2）先学は、当該二首の制作背景に関して概ねこの説を採っており、本書もかかる立場に従って論を進めている。しかし、伊藤益が『ことばと時間』（大和書房、一九九〇）に於いて指摘するように、当該歌群が大宝二年の遣唐使に対する餞歌であるとの確証に足る根拠はなく、かといってそうではないとする根拠もまたないため、現状では正確な作歌背景を定めることは不可能であるといわねばならない。

（3）伊藤博『萬葉集釋注』が指摘する如くに、三二五三と三二五四に於ける日本の呼称が異なっている点については、従来その意義が問われることは殆どなかった。それどころか中西進などは、「長歌の称と不合。本来は一組でない。」（中西進『万葉集全訳注原文付（三）』講談社、一九八一、一九三頁）という、このことをもって当該二首が本来は一組の詠ではないと断じてしまっている。しかしながら、呼称の違いのみでこれらが一組ではないと決めつけることは、あまりにも荒唐無稽であるといわざるを得ない。両歌の内容から考えるに、これらは一連の詠であると解釈するのが自然であり、したがって、ここには何らかの意図が存しているものと見なければならないだろう。

（4）『全訳古語辞典』第三版「たすく」の項には、「手伝い・補佐・後見などをして助ける。力を添える。」とあり、主体的な関与を指す意は見受けられない。

（5）本章註（1）で述べた人麻呂歌集歌とは違い、八九四から八九六の歌群はその左註に「天平五年の三月一日、良が宅にして対面す。献るは三日なり。山上憶良謹上　大唐大使卿記室」とあり、これらが第十回遣唐使に向けて贈られた贐歌であることがわかる。
(6)　この点に関して豊田国夫は、「諸家の説くとおり、すでに憶良は人麿歌集の「事霊の幸はふ国」という発想や表現を知っていたし、航海安全の住吉大社での人麿の呪詞も自身の耳で聞いていたと推定される。」（豊田国夫『言霊信仰』八幡書店、一九八五、一一六頁）と指摘している。
(7)　二五〇六は略体で記されているため、人麻呂による詠であると断定することは困難であるが、人麻呂と近しい人物か、あるいは人麻呂と同時期の人物の手によるものと見るに瑕疵はないようである。詳しくは阿蘇瑞枝前掲書を参照のこと。
(8)　『広辞苑』第六版によればこの語は、災いの起こる時刻の意である「大禍時（オオマガトキ）」の転じたものであるという。本文で述べたような、古代人が夕暮時に抱いていた神秘的な印象や一種の畏れの感情から、後々になって魔に逢う時刻として「逢魔」の字を当てたものと考えられる。
(9)　「マレビト」という語は、『古今和歌集』や『徒然草』にも見えるが、これが思想概念として体系付けられたのは、昭和二年に発表された折口信夫の「国文学の発生（第三稿）」に於いてである。
(10)　「国文学の発生（第二稿）」には、「辻占の古い形に「言霊のさきはふ道の八衢」などと言うているのは、道行く人の無意識に言い捨てる語に神慮を感じ、その暗示をもって神文の精霊の力とするのである。」（折口信夫『古代研究Ⅲ――国文学の発生』所収、中央公論社、二〇〇三、九六頁）とある。
(11)　本章註（1）を参照。
(12)　伊藤博『萬葉集釋注　六』集英社、一九九七、一七八頁。
(13)　この点に関して豊田は、「それにしても、この歌の言霊の語のみが積極的に呪術に用いられていて、他はすべてといってもよいほどに、ただ消極的にその存在を信じたまでの用例である。」（豊田国夫前掲書、一八七頁）と評している。

第四章　神の発話と神への発話

序

「言霊」という語は、現代に於いても広く人口に膾炙《かいしゃ》しているが、これが本来はどのようなものとして観念されていたかという点については様々な見解が呈示せられ、古来多くの研究が為されてきた。而して、その際に言霊と強い牽連《けんれん》を有すると目されてきた概念として、「言挙」と呼ばれる特殊な発話行為がある。

磯城島の　大和の国は　事霊の　助くる国ぞ　ま幸くありこそ

（『萬葉集』巻第十三・三二五四）

右の短歌は、既に確認した如くに、『萬葉集』にその初出を見る全三例の「コトダマ」語のうちの一つである。「磯城島の大和の国」、すなわち日本が「事霊の助くる国」であるとうたう当歌は、その直前の長歌に対する反歌として詠まれたものであった。

柿本朝臣人麻呂が歌集の歌に曰はく、

葦原の　瑞穂の国は　神ながら　言挙げせぬ国　しかれども　言挙げぞ我がする　言幸くま幸くいませと　障みなく　幸くいまさば　荒磯波　ありても見むと　百重波　千重波にしき　言挙げす我れは　言挙げす我れは

（同・三二五三）

『萬葉集』に於ける長歌と反歌との関係性や、両歌の冒頭四句の照応性から考えても、ともに言語に纏わる語である「言霊」と「言挙」とが、無関係なものとしてここにあらわれているとは考えにくい。先学も多く指摘するように、かかる二つの言語概念は深く結び合うものであった可能性が高いのである。

しかるに、管窺《かんき》の及ぶ限りでは、「言霊」を対象とした先行研究に比して、「言挙」についてのそれは未だ十分に尽くされているとはいいがたい。そこで本章では、古代文献に於ける「言挙」の用例を検討することを通して、古代人にとり「言挙」という発話行為が如何なる意味を持つものであったかを少し考えてみたい。

一　言挙とは何か

手始めに、古代に於いて「言挙」という語がどのような文脈に於いて登場し、且つはどのような言語行為として認識されていたのかを知るべく、古代文献、就中記紀を中心とした主要な言挙の用例に目を通してみよう。なお、これらの文献に於いては、「コトアゲ」という語を記す際に、「興言」や「称」など、複数の用字があらわれている。よって、以下に掲載する引用文には、「コトアゲ」と訓む箇所に傍線を附している。

1　伊奘諾尊、既に還りて、乃ち追ひて悔いて曰はく、「吾前に不須也凶目き汚穢き処に到る。故、吾が身の濁穢を滌ひ去てむ」とのたまひて、即ち往きて筑紫の日向の小戸の橘の檍原に至りまして、祓ぎ除へたまふ。遂に身の所汚を盪滌ぎたまはむとして、乃ち興言して曰はく、「上瀬は是太だ疾し。下瀬は是太だ弱し」とのたまひて、便ち中瀬に濯ぎたまふ。(1)

（『日本書紀』神代上第五段第六の一書）

2　已にして素戔嗚尊、其の左の髻に纏かせる五百箇の統の瓊を含みて、左の手の掌中に著きて、便ち男を化生す。則ち称して曰はく、「正哉吾勝ちぬ」とのたまふ。(2)

（同第六段第三の一書）

3　然して後に、行きつつ婚せむ処を覓ぐ。遂に出雲の清地に到ります。清地、此をば素鵝と云ふ。乃ち興言して曰はく、「吾が心清清し」とのたまふ。此今、此の地を呼びて清と曰ふ。(3)

（同第八段）

4　是の時に、素戔嗚尊、其の子五十猛神を帥ゐて、新羅国に降到りまして、曾尸茂梨の處に居します。乃ち興言して曰はく、「此の地は吾居らまく欲せじ」とのたまひて、遂に埴土を以て舟に作りて、乗りて東に渡りて、出雲国の簸の川上に所在る、鳥上の峯に到る[4]。

（同第八段第四の一書）

5　一書に曰はく、素戔嗚尊の曰はく、「韓郷の嶋には、是金銀有り。若使吾が児の所御す国に、浮宝有らずは、未だ佳からじ」とのたまひて、乃ち鬚髯を抜きて散つ。即ち杉に成る。又、胸の毛を抜き散つ。是、檜に成る。尻の毛は、是柀に成る。眉の毛は是櫲樟に成る。已にして其の用ゐるべきものを定む。乃ち称して曰はく、「杉乃び櫲樟、此の両の樹は、以て浮宝とすべし、檜は以て瑞宮を為る材にすべし。柀は以て顕見蒼生の奥津棄戸に将ち臥さむ具にすべし。夫の噉ふべき八十木種、皆能く播し生う」とのたまふ[5]。

（同第八段第五の一書）

6　遂に出雲国に到りて、乃ち興言して曰はく、「夫れ葦原中国は、本より荒芒びたり。磐石草木に至及るまでに、咸くに能く強暴る。然れども吾已に摧き伏せて、和順はずといふこと莫し」とのたまふ[6]。

（同第八段第六の一書）

7　然して後に、母吾田鹿葦津姫、火燼の中より出来でて、就きて称して曰はく、「妾が生める児及び妾が身、自づからに火の難に当へども、少しも損ふ所無し。天孫豈見しつや」といふ。[7]

（『日本書紀』神代下第九段第五の一書）

8　亦相模に進して、上総に往せむとす。海を望りて高言して曰はく、「是小さき海のみ。立跳にも渡りつべし」とのたまふ。乃ち海中に至りて、暴風忽ちに起りて、王船漂蕩ひて、え渡らず。[8]

（『日本書紀』景行紀四十年是歳）

9　是に詔りたまひしく、「茲の山の神は、徒手に直に取りてむ。」とのりたまひて、其の山に騰りましし時、白猪山の邊に逢へり。其の大きさ牛の如くなりき。爾に言擧爲て詔りたまひしく、「是の白猪に化れるは、其の神の使者ぞ。今殺さずとも、還らむ時に殺さむ。」とのりたまひて騰り坐しき。是に大氷雨を零らして、倭建命を打ち惑はしき。此の白猪に化れるは、其の神の使者に非ずて、其の神の正身に當りしを、言擧に因りて惑はさえつるなり。[9]

（『古事記』中巻景行天皇）

10　外は海路を邀へて、高麗・百済・新羅・任那等の国の年に職貢る船を誘り致し、内は任那に遣はせる毛野臣の軍を遮りて、乱語し揚言して曰はく、「今こそ使者たれ、昔は吾が伴として、肩摩り肘触りつつ、共器にして同食ひき。安ぞ率爾に使となりて、余をして儞が前に自伏はしめむ」といひて、遂に戦ひて受けず。驕りて自ら矜ぶ[10]。

（『日本書紀』継体紀二十一年六月）

11　即ち収へて廷尉に付けて、鞫問極切し。馬飼首歌依、乃ち揚言して誓ひて曰はく、「虚なり。実に非ず。若し是実ならば、必ず天災を被らむ」といふ。遂に苦め問はるるに因りて、地に伏して死れり。死りて未だ時も経ざるに、急に殿に災あり[11]。

（『日本書紀』欽明紀二十三年六月）

12　穴穂部皇子、天下を取らむとす。発憤りて称して曰はく、「何の故にか死ぎたまひし王の庭に事へまつりて、生にます王の所に事へまつらざらむ」といふ[12]。

（『日本書紀』敏達紀十四年八月）

13　言擧阜。右、言擧阜と稱ふ所以は、大帶日賣命、韓國より還り上りましし時、軍を行りたまふ日、此の阜に御まして、軍中に教令したまひしく、「此の御軍は、慇懃、言擧な爲そ」

とのりたまひき。故、號けて言擧前といふ[13]。

（『播磨国風土記』揖保郡の条）

　こうした用例を見る限り、言挙とは、何らかの事態に直面した折に、殊更にその意を表明するための、特別な発話行為を指しての謂であったものと考えられる。

　ところで、先学の多くは、古代に於ける言挙の認識について、災禍を呼ぶものとして一貫して戒め、慎むべき禁忌として観念せられていたとする見解を披瀝しており、一般にこの説が採られているようである。しかしながら、右に挙げた用例の数々を見る限りでは、一概にしてかかる否定的傾向をのみ看取することはむつかしいようにも思われる。

　たしかに8の例では、海を見た倭建命がこれを「是小さき海のみ。立跳にも渡りつべし」と嘲笑したところ、俄にして暴風が巻き起こり、海を渡ることができなくなったとある。おそらく、その言挙の内容が海神の怒りに触れたことが、かかる事態を惹起した原因であろう。また、9の例は、倭建命が「伊服岐能山の神」を討ち取りに向かう際に行き会った「白猪」を「神の使者」に過ぎぬ存在であると思ってこれを侮り、その殺害を言挙したことで、山の神——実は白猪は神の使者ではなく神自身であった——の逆鱗に触れ、「大氷雨」を降らされて難儀したという説話であり、直後に施されている註にも「言擧に因り、惑はさえつるなり」という説明が為されている。したがって、この二例についていえば、倭建命が言挙を行ったことで、結果的に災禍を招いたという因果関係が認められよう。だが、そのほかに関しては、一見するだけでは明確なそれは確認できない。ゆえに、これらの例のみをもって、言挙が一様にして禁忌と見做されていたと断ずることは困難であるといわねばならない。

二　言挙の主体

　先に挙げた用例をもとに言挙について考えるとき、そこには看過すべからざる点が潜んでいる。それは、これら十三例のうち、前半の七例についてはいずれも、そこに於いて言挙を行っている主体が記紀神代にあらわれる神々であり、かたや後半の六例に於ける言挙は、主に人が行為主体となっているという点である。而して、前半の例では、基本的にはその言挙の内容が災禍を招くような構造となっていないのに対して、後半のそれは、その多くが最終的には穏当ならざる事態へと結果している。このことは、ある可能性を示唆しているように見受けられる。

　その可能性の内実を詳らかにするために、後半の例について少し細かく見ていこう。まず、

8ならびに9の例で言挙の主体となっているのは倭建命である。倭建命は、その英雄譚の数々が記紀に描写されており、彼が景行天皇の息子、すなわち皇族であるというその血統とも併せて考えるに、その存在を神として捉えて一見差し支えないようにも思われる。また、まさしく西宮一民が、倭建命が美夜受比売と結婚した件の頭註に於いて、かかるエピソードについてこれを「月経中の比売が倭建命に献饌し、命と結婚したのは、命を神として遇したことを意味する」ものであると指摘する如くに、[14]『古事記』に於ける倭建命は、一時的には神や、あるいはそれに准ずる存在者の地位にまで上昇したものと見るべきかもしれぬ。だが、注意せねばならないのは、その倭建命が「言挙」を執行した時期である。まず8の言挙は、美夜受比売との婚姻を成す以前に行われたものであり、しかもそれは駿河国で遭った敵の計略によって命を落としかけた直後、[15]時恰も彼の霊威が衰えの兆しを見せ始めた頃のことであった。

　次いで9の言挙は、美夜受比売との聖婚後に為されたものであるが、その聖婚譚の描写に目を通すと、そこには次のような記述がある。

　故爾に御合したまひて、其御刀の草那藝劒を、其美夜受比賣の許に置きて、伊服岐能山の神を取りに行幸でましき。[16]

かつて景行天皇から東国征伐を命じられたことに狼狽した倭建命が、伊勢の皇大神宮の斎宮であった叔母の倭比売のもとを訪ねた折に授けられたのが、この「草那藝劍」であった。かかる剣の加護によって、倭建命は後に相模国で向けられた謀略を掻《か》い潜り、命拾いしたという経緯がある。その「草那藝劍」を彼が手放したのは、あるいは聖婚を経て「神として遇」されたことからくる驕りに起因するものであったろうか。何にせよ、これを境にして倭建命の命運は凋落の一途を辿り始める。而して、9の言挙は、まさしく彼がかかる聖剣をその身から放した直後のことであった。すなわち、8と9の二例は、聖性の減じた状態の倭建命が、神に対して侮りのことばを言挙したものであったといえる。

　では、10から12の例はどうか。まず10は、筑紫国造であった磐井が新羅と結び、毛野臣率いる朝廷軍を妨害した——これは一般に「磐井の乱」として知られている——折に発したことばである。ここに於いて、磐井の発言が向けられている直接的な対象は毛野臣であるが、その毛野臣は朝命を承けて半島へと進軍していたわけである。だとすれば、今ここに磐井が「乱語し揚言し」たその発言は、窮極的には天皇へと向けられたものであるも同然のはずである。すなわちこれは、磐井から天皇への言挙であるにほかならない。その結果、磐井は天皇の差し向けた物部麁鹿火によって誅殺せられている。

次いで11は、自身の罪を詰問された馬飼首歌依という人物が、その身の潔白を主張した際のものである。ここで歌依は、「若し是実ならば、必ず天災を被らむ」と「揚言して」誓いを立てているが、そこに於いて自身が有罪であった場合の徴として、「天災（あめのわざはひ）」を挙げている。よってこれは、人である歌依から、「天」すなわち神へと向けた誓いの言挙であったと考えられる。だが、歌依の「揚言」は虚偽であったのだろうか、「殿に災あり」という結果を招いている。

12は、敏達天皇が崩御した折に、次なる皇位を狙った穴穂部皇子の発したことばである。崩御したばかりの敏達天皇を「死ぎたまひし王」、対して自身を「生にます王」と呼び、帝の死を嘆く臣を糾弾するが如き皇子のかかる発言もまた、天皇に対する冒瀆的な言挙と見做し得るものであるといえよう。果たせるかな、皇子は後に政争に敗れ、命を奪われてしまう。

如上の諸点より推測するに、言挙とはその当初にあっては、神々による特別な発話行為（前七例）や、人が神——恐らく天皇もこれに含まれよう——に対して物申す際の発話行為（後六例）として観念されていたのではなかろうか。だとすれば、ここで人が言挙を行っていると考えられる後半の例だけが、件の「慇懃、言擧な爲そ」という発言の如くに否定辞を伴っている、あるいはまた、言挙が災厄を招く原因になってしまっているという共通項が見出せることになる。すなわち言挙とは、神々がそれを行使するには何ら問題はないが、人がこれを用いる際には、災禍を引き起こす可能性のある行為として観念されていたものであったと考え得るのである。

ちなみに、否定辞を伴う用例13をもって、やはり言挙は忌避されていたのだとする向きもあるかもしれぬ。だが、13に於ける言挙は、萬葉歌にあらわれる言挙用例を精査したうえでこれを見れば、また違った解釈が可能となる。よって、13については今一時棚に上げ、以下考察の途上に於いて改めて言及したい。

三　萬葉に於ける言挙

さて、ここまでに見てきた言挙の用例に於いては、言挙という行為がその内容や状況の如何に拘らず、一様に否定的な観点でもって古代人たちに捉えられていたという如き傾向は見受けられなかったように思われる。ところが、萬葉の時代になると、言挙を巡る状況はその様相を変ずる。より具体的にいえば、『萬葉集』中に於ける言挙という語は、その多くが否定辞と共に用いられるようになるのである。以下に萬葉歌の言挙用例を引きつつ、その用法を確認してみよう。

① 千万の　軍なりとも　言挙げせず　取りて来ぬべき　士とぞ思ふ

（巻第六・九七二）

② この小川　霧ぞ結べる　たぎちたる　走井の上に　言挙げせねども

（巻第七・一一一三）

③ おほかたは　何かも恋ひむ　言挙げせず　妹に寄り寝む　年は近きを

（巻第十二・二九一八）

④ 蜻蛉島　大和の国は　神からと　言挙げせぬ国　しかれども　我れは言挙げす　天地の
神もはなはだ　我が思ふ　心知らずや　行く影の　月も経ゆけば　玉かぎる　日も重なり
て　思へかも　胸の苦しき　恋ふれかも　心の痛き　末つひに　君に逢はずは　我が命の
生けらむ極み　恋ひつつも　我は渡らむ　まそ鏡　直目に君を　相見てばこそ　我が恋や
まめ

（巻第十三・三二五〇）

⑤　葦原の　瑞穂の国は　神ながら　言挙げせぬ国　しかれども　言挙げぞ我がする　言幸く　ま幸くいませと　障みなく　幸くいまさば　荒磯波　ありても見むと　百重波　千重波にしき　言挙げす我れは　言挙げす我れは

（巻第十三・三二五三）

⑥　我が欲りし　雨は降り来ぬ　かくしあらば　言挙げせずとも　年は栄えむ

（巻第十八・四一二四）

これらの例を見ると、そのいずれもが先に述べた如くに、「言挙せず」や、「言挙せぬ」といった否定辞と共にあらわれてくることがわかる。また、①では「戦に際して徒に言挙することなく敵を討ち取って来てほしい」とうたわれているが、これは倭建命が「伊服岐能山の神」を討ちに行く際に言挙を行った前掲用例9の逸話と対極を為すが如き内容であり、一見するに言挙という行為を否定的に捉えているようにも思われる。しかしながら、では萬葉に於ける言挙もまた、従来の説の如くに否定的な行為と見做されていたかというと、そこには疑念を差し挟まざるを得ない。たしかに、萬葉歌に見える言挙という語の多くが否定辞を伴って歌中に出現していることは間違いないが、このことが即座に否定的心情と結ぶものであると考えるのは、聊《いささ》か浅薄に過ぎるのではなかろうか。

ここに於いてまず着眼せらるべきは、④および⑤の用例である。この二首にあらわれる「言挙げせぬ」という件の直前には、いずれも同様の意を示す前置きが為されている。すなわち「神からと」と「神ながら」とがそれであり、これらは共に「神意のままに」というほどの意味である。つまり、この日本という国は神意が遍く行き渡っているがゆえに、言挙によって殊更に言い立てずとも、神が祝福を与えてくれる。だからこそ普段は「言挙せず」との態度を採るのだ、と二首はうたっているのである。しかも、この二首はいずれも、その直後に「しかれども」と断りを入れたうえで、実際には言挙を行っているのである。もし通説の如くに、言挙が忌避されるべき行為であったということならば、ここは当然にして言挙すべきではないはずである。これは一体どういうことか。

恐らく萬葉の時代に於ける言挙は、人が神に対して物申す行為という側面が強く意識されるようになっており、而してその言挙が忌むべきもの、慎むべきものとされるのは、神意の貫流が前提される場合に限定されていたのであろう。④や⑤にうたわれているように、現状が「神ながら」の状態にあるとすれば、それはこの国が、延いてはそこに於いて生を営む人びとが、神の祝福のもとにあるということである。さらば、かかる状態に於いて、神に対する発話行為という意味を有する言挙を行うということは、神意によって祝福されている現状に対して不満をあらわにしているも同然であり、それは神への冒瀆にも等しい行為となりかねない。

ここで再び先に挙げた記紀の言挙用例に目を遣れば、8から12までは実に、神や天皇を冒瀆するが如き内容を言挙するものであった。

豊田国夫は、言挙という発話行為について、

……その善的側面では幸福をもたらす言霊観を育成し、悪的側面では災禍をもたらす言挙げの制禁観を育成してきたのではないだろうか。言挙げの制禁観は、言語の精霊観の消極面を示すもので、ひっきょう災禍をさける慎みの教戒的意味をもっていた。(17)

と述べ、言挙によって災禍が齎《もたら》されるという直接的関係を古代人が見出していたことによって言挙が忌避されていたと指摘するが、先段で挙げた点に鑑みるに、これはむしろ「言挙－神－災禍」と、言挙を媒介とした間接的関係という視座のもとに理解すべきではないだろうか。すなわち言挙とは、その行為が即座に災禍に繫がるものとして否定的に捉えられていたのではなく、神意に悖《もと》る内容を言挙した場合や、あるいは神意が行き渡っている状況にも拘らず言挙を

行った場合には禍を招くものとされており、したがって、こうした条件に妥当すると判断される場面に於いては避けられていたという、謂わば限局的な制禁観のもとにあったものと解するべきである。もしこの解釈を採るならば、先程疑義を呈した如き、④ならびに⑤に於ける「言挙げせぬ国」という前提を押してまで言挙を敢行しようとする態度も、特段不審なものではなくなるだろう。

而して、これら萬葉の歌々の内容から推すに、どうやら萬葉びとたちは自身の生きる時代が必ずしも神意の行き渡った状態であるとは考えていなかったものと見える。ゆえに、さような現状認識に基づく彼らは、願望の成就が喫緊のものであるような状況に際しては、④や⑤の如くに、神々に向けて自らの願望を訴えるべく、むしろ積極的に言挙を執り行うべきであるとすら考えていたのではないだろうか。

②および⑥の両歌もまた、この説の裏打ちとなる。②は、川を堰き止めて作る水汲み場を指す「走井」という語が詠まれていることから、農耕儀礼の際にうたわれたものであろう。霧は、農業に不可欠な水を齎す降雨の事触れであり、一首はその霧が小川に立ち込めていることを喜ぶ内容となっている。

ここで重要なのは、当歌の文脈上の構成が、

この小川　霧ぞ結べる　たぎちたる　走井の上に　言挙げせねども

⇓

「言挙げせねども」、「この小川」の「たぎちたる走井の上」に「霧ぞ結べる」

となっていることである。すなわち、当歌は言挙しなくても霧が立ち込めたという点についての喜びを表明した詠であるということになる。では、もし仮にここで霧が立っていなかったとしたらどうであったか。降雨の予兆たる霧の有無は、農業の成否に係る一大事である。だとすれば、当歌は翻って、もし霧が立っていなければ、その発生を祈念すべく言挙を行わねばならぬような事態に陥っていたというニュアンスをも含意しているものであるといえるだろう。

　言挙への向き合い方についてのかかる傾向は、⑥に於いてより一層顕著である。この歌（四一二四）は、前二首（四一二二・四一二三）と併せて一連の構成となっているので、以下にその全体を掲示する。

天平感宝元年閏五月六日以来、少旱起こりて、百姓の田畝稍く凋める色あり。六月朔日に至りて、忽ちに雨雲の気を見る。仍りて作れる雲の歌一首　短歌一絶

天皇の　敷きます国の　天の下　四方の道には　馬の蹄　い尽す極み　船の舳の　い泊つるまでに　古よ　今の現に　万調　奉る首と　作りたる　その農を　雨降らず　日の重なれば　植ゑし田も　蒔きし畠も　朝ごとに　凋み枯れ行く　そを見れば　心を痛み　嬰児の　乳乞ふがごとく　天つ水　仰ぎてそ待つ　あしひきの　山のたをりに　この見ゆる天の白雲　海神の　沖つ宮辺に　立ち渡り　との曇り合ひて　雨も賜はね

反歌一首

この見ゆる　雲ほびこりて　との曇り　雨も降らぬか　心足らひに

右の二首は、六月一日の晩頭に、守大伴宿禰家持作る。

雨落るを賀く歌一首

我が欲りし　雨は降り来ぬ　かくしあらば　言挙げせずとも　年は栄えむ

右の一首は、同じき月四日に、大伴宿禰家持作る。

右三首は、天平感宝元年（七四九）閏五月六日より約一月にわたり旱魃が続いていたことで、当時越中国守の任にあった大伴家持が雨乞いのために詠んだ長反歌二首と、その三日後に無事降雨を見た際に詠んだ短歌一首（＝⑥）である。

⑥は、「我々が待ち望んでいた雨はとうとう降ってきた。こうなったからには、言挙などせずとも、秋の実りは豊かになるに違いない」という意である。この歌に於いて家持は、言挙はもはや不要であろうと述べているわけであるが、これはいうまでもなく、実際に降雨が成ったからにほかならない。だとすれば、前掲②と同様にして、もし雨が降らなかった場合には、家持は降雨を祈念すべく言挙を行う必要があり、且つまたその意思があったものと読める。否、それどころか家持は、実際には⑥を詠んだ時点に於いて既に言挙を行っていたのである。

その言挙そのものに当たるのが、直前の二首すなわち四一二二および四一二三である。四一二二は、その歌意を通せば、

> 天皇がお治めになっているこの国の天下にあっては、どこもかしこも、馬の蹄が擦り減って無くなってしまうほどの地の果てまで、船の舳先が着くことのできる海の果てまで、古から今に至るまで、あらゆる貢物を奉ってきたが、わけても第一のものとして作っている

　農作物であるのに、雨が降らない日が重なって行くので、稲を植えた田も、種を蒔いた畑も、日毎に凋み、枯れて行ってしまう。それを見ると心が痛んで、幼子が乳を求めるように、天なる恵みの雨を、空を仰ぎ見ながら待っている。山の尾根に見える天の白雲よ、海神が坐します沖の宮の辺りまで立ち渡り、空を一面にかき曇らせて、どうか雨をお与え下さい。

となる。傍点を附した部分に於いて、家持が「天（の白雲）」に対して明確に降雨を要請していることが窺える。降雨を掌ると考えられていた「海神《わたつみ》」の語が見えることから、これはあるいは海神に対《む》けての要請であったかもしれぬ。また、前半部に於いて滔々《とうとう》とうたわれている旱魃の現状は、神意の行き渡っていない状況を描写したものと見ることができる。したがって、四一二二は、現在の越中国が神意による祝福の見られぬ状態にあることを神々に闡明《せんめい》したうえで、かかる窮状の打開を「天」へと祈願しているものと読めるであろう。反歌の四一二三は、長歌四一二二の内容を家持自身の心情により引き寄せた形で詠じたものとなっている。

　その内容を見れば、これら二首が旱魃に喘ぐ事態、すなわち神意の発動が見られぬ現状を打開しようとした家持による言挙であったことは明白である。而して、二首による言挙（＝六月一日）の三日後（＝同じき月四日）に、果たして雨が降った。言挙を行った側である家持からしてみれば、これは言挙による要請が神意を動かした結果にほかならない。すなわち、降雨が成ったこの時点で、彼のいる越中国は神意の行き渡る状態へと転じたのである。しからば、これ以上の無暗な言挙は不要である。それどころか、今やそれは降雨という幸いを与えてくれた神に対する暴言ですらあり得るものとなった。ゆえに、家持は「かくしあらば言挙げせず」と詠むことによって、それまで行っていた言挙を取り下げたのであろう。

四　神意か人力か

かようにして、『萬葉集』中の言挙用例を俯瞰すれば、古代人の有していた言挙観が如何なるものであったかが次第に明瞭となってくる。畢竟ずるに、彼らは言挙を肯定、否定のどちらにも極端視していなかったものと考えられる。それゆえ、言挙を巡る彼らの意識は、神意隆盛たる場合はその祝福を尊んで徒に言挙をせず、そうでない場合には窮々たる現状を神に訴えるべく積極的に言挙を行うといった具合に、その時々の状況、延いてはその誘因たる神意に臨んで応変することとなる。これは、取りも直さず、古代人が自分たち人間と神との関係性の只中に於いて、言挙という発話行為に意義を見出していたであろうことを示唆している。

しかしながら、では①の詠の如き例はどうなるのか、という疑念がこの解釈に対して持ち上がるかもしれない。たしかに、この一首はここまでに述べ来った説とは趣を異にしているかにも見える。では、①は如何にして解釈すべきか。

①に引いた九七二は、巻第六に収められている高橋虫麻呂の作歌である。当歌は、天平四年（七三二）の八月十七日、西海道節度使に任じられた藤原朝臣宇合に対し、かつて宇合の部下であった虫麻呂が贈った餞《はなむけ》の歌であり、同じく巻第六に収録された長歌に続く反歌として詠まれたものである。その歌意は、

あなたさまは、たとえ相手が千万の大軍であろうとも、とやかく言挙することなく討ち取っていらっしゃる、立派な男子であると思っております。

である。節度使としての宇合の任務が恙無《つつがな》く遂行されることを予祝する内容であることは明ら

かであるが、上二句で「千万の軍なりとも」と、危険な任務であることを想定しているにも拘らず、ここで言挙が不要とされているのは何故だろうか。『萬葉集』中に見える他の用例は、いずれも何らかの危機的状況に晒された際に、かかる事態の打開を要請するという性質のものであった。さらば、多勢の敵と相対するという九七二に於いていわれている状況もまた、言挙を要する事態であるといって差し支えないようにも思われる。

ここに於いて言挙を不要とする態度には、無論それなりの理由が存しているはずである。では、その理由とは何であろうか。当歌を率直に解せば、かような危機的状況にあっても言挙を必要としないと詠むことで、宇合が武に秀でた傑物であることを強調するという意図が、妥当な理由としてまず思い浮かぶだろう。たとえ敵がどれほど多かろうとも、言挙を通じて神の加護を恃むことなく、自らの武力のみでこれを切り伏せ得るほどに宇合は武芸に長けた人物なのだという主張を、虫麻呂はここに於いて為そうとしているという解釈である。

だが、今一つに、当歌に詠まれているような状況は言挙を行使する事由として充当しないという認識が、虫麻呂の内に存在していたという可能性、より端的に述べるならば、人力の及ぶ範囲の状況に於いては言挙を行わないという不文律が古代人たちに存在していた可能性というものが考えられる。②から⑥の例を見ると、そのいずれもが、個人の力では如何ともしがたい内容についての言挙であることがわかる。②と⑥は、既述の如くに、天候に纏わる言挙を扱ったものであるが、天候が人の力をもって左右し得ぬものであるということは、明々たる事実として ここに縷説の余地はあるまい。④と⑤については、両歌ともに旅の安寧を願う内容であり、一見して人力の及ぶ範囲を出るものではないようにも思われる。しかしながら、まさしく伊藤益が、

……古代人にとって、旅は、辛く苦しいものであった。交通機関が未発達なせいでもあるが、それにもまして、旅とは、家郷の神（国つ神）の守護の及ばぬ地、異神の領く他郷に赴き、異神の支配を受けることを意味していたからである。その辛く苦しい旅に出で立つ者を見送るとき、あるいは、旅の途上にある者の身の上を思いやるとき、ひとびとは切なる思いに駆られた。(18)

と指摘する如くに、古代人にとっては旅もまた、異郷の神に身を委ねるという、人の力では如何ともしがたい境遇に身を委ねなければならぬ非常事態であるにほかならなかった。

かように、人が人ならざるものの威力に翻弄されつつ、そこからの脱出を願う場合にのみ言

挙が是認されるものであったとすれば、人の力、換言すれば武力による解決が可能である①の如き状況は、言挙を行うに相応しくないものであるといえる。

　而して、この説を採るのであれば、ここまで解釈を保留していた13についても、一つの見立てを提出することが可能となる。13の説話は、大帯日売命が自軍に対して、「この戦にあっては、くれぐれも言挙せぬように」と下命したというものであったが、これは戦に際しての言挙という点に於いて、①の例と同様の範疇にあるものといえる。先にも述べたが、戦は武力による解決という可能性に於いて、人力の及び得る事由と捉えることができる。したがって、13もまた①と同じくして、言挙を行うに不適切な状況であると見做し得るだろう。すなわち、ここに大帯日売命が禁止したのは、あくまでも目前にある戦についての言挙、すなわち極めて限定的な範囲に対してのそれであって、言挙という行為そのものに対する制禁観の発露ではなかったといえるのではないか。「慇懃、言擧な爲そ」と厳命した大帯日売命のことばは、実にその直前にある「此の御軍は」という文言の存在によって、これが言挙を禁ずる範囲を局限しようとするものであった可能性をそこに留置せしめている。だとすれば、かかる説話もまた、言挙が是非もなく禁じられていたとする従前の言挙観に対して異を唱えるにあたり、その傍証としての一翼を担い得るものとなるであろう。

結

さて、本章に於ける考究によって、古代人の言挙観についておおよそ次のような見解を得るに到った。

まず、「言挙」という行為そのものが、災禍を招く不吉なものとして、一も二もなく忌避されていたと見做すが如き言挙観に対しては、首肯を躊躇《ためら》わざるを得ないということである。いうまでもなく、本章で展開した一連の考察も、かような見立てに対する疑念に端を発したものである。ただしそれは、言挙が禁止されていたという説を全面的に否定するものではない。たしかに言挙は否定されるべきものであったが、同時にまた肯定されるべきものでもあったというのが、本書の見解である。これは、より具さにいえば、神意の行き渡っている状態や、倭建命の逸話に於いて見られたような神に刃向かうが如き言動を為した場合、あるいはまた、戦のように人の力によって解決を図ることのできる場合に於いては、言挙は慎むべきものであったが、天候不順や旅の安全など、人力の及ばぬ事由については、むしろ言挙は積極的に執行すべきものであったという、神意のありかたを軸とする視座の転換をもって、これを捉えるべきであるということである。

また、ここから導出せられるのは、古代の人びとにとり、言挙は人から神への発話行為という定式の中にあってこそ意義を持つものであったということ、すなわち危急の事態に際して神と人とを結ぶ手段として観念されていたという可能性の存在である。

而して、かかる可能性に行き合うとき、そこにはまた新たな疑問が生起する。それは、人から神への発話というに際して、これを如何なる定式のもとに措定するかという問題である。人から神へというありかたを要求する限りは、そこには何らかの規定や、あるいは何かしらの儀式的工程が存していたと見るのが自然であるし、仮にそうでなかったとすれば、「言挙」とは畢竟あらゆる発話行為によって達成せられるものであったということになってしまう。しかしながら、「言挙」がそのようなかたち——日常の発話に支障を来すが如きありかた——で認識せられるものであったとは考えがたい。そこで次章では、「言挙」の周縁を為す規則や制約についての思索を出発点として、言霊の輪郭をより明瞭に浮かび上がらせることを目指したい。

（1）　坂本太郎・家永三郎・井上光貞・大野晋校注『日本書紀㈠』岩波書店、一九九四、四七頁。

（2）同、七二頁。
（3）同、九四頁。ただし、同書に於いてはこの件は、「乃ち言ひて曰はく」と訓まれている。しかしながら、原文の表記は「乃興言曰」となっており、これは「乃ち興言（ことあげ）して曰く」と訓ずるのが妥当であると思われるため、当該箇所のみ表記を改めた。
（4）同、一〇〇頁。
（5）同、一〇二頁。
（6）同、一〇四頁。
（7）同、一五二頁。
（8）坂本太郎・家永三郎・井上光貞・大野晋校注『日本書紀㈡』岩波書店、一九九四、九六頁。
（9）倉野憲司・武田祐吉校注『日本古典文学大系1 古事記 祝詞』岩波書店、一九五八、二一九頁。
（10）坂本太郎・家永三郎・井上光貞・大野晋校注『日本書紀㈢』岩波書店、一九九四、一九〇頁。
（11）同、三三二頁。
（12）坂本太郎・家永三郎・井上光貞・大野晋校注『日本書紀㈣』岩波書店、一九九五、四八頁。
（13）秋本吉郎『日本古典文学大系2 風土記』岩波書店、一九五八、二九九頁。
（14）西宮一民校注『新潮日本古典集成（第二七回）古事記』新潮社、一九七九、一六六頁。
（15）その際、倭建命の命を救ったのが草薙剣であった。この件、記に於いては相模国の出来事とされている。
（16）前掲『日本古典文学大系1 古事記 祝詞』二一九頁。
（17）豊田国夫『言霊信仰』八幡書店、一九八五、一〇〇頁。
（18）伊藤益『ことばと時間　古代日本人の思想』大和書房、一九九〇、六九頁。

第五章　言霊の在り処——言霊と和歌との関係性を巡って——

序

「言霊」という語は、今日に於ける日常生活の中にあっても、しばしばその名称を耳にし、目にすることがある。だが、その際に我々がかかる語の背後に認めているものは、たとえば「忌言葉」の如き習わしの、しかも一側面としてのそれであったり、あるいはまた、口にした内容が実生活へと影響——好悪いずれの方向性に於いても——を及ぼすといったような、極めて通俗的な理解に基づく認識である。而して、さような解釈のもとに巷間に流布している「言霊」には、一見する限りでは際立った規則や制約は観測できず、謂わば日本語全般にわたって広く適用せられるものであるかのように見える。しかしながら、こうした今日的なありかたが

「言霊」の本義であるとするならば、そこには看過すべからざる問題が惹起せられることになる。これすなわち、無制約の招く弊害である。

もし仮に、言霊というものに何らの制約も設けられていないとすれば、何気ない発話行為が即座に言霊としての威力を発揮してしまう可能性もあり得るということになり、極端な話をすれば、迂闊に会話を為すことすら困難となる状況が生じてしまう。だが、我々人間の営為、就中他者との共生という場に於いて、言語やあるいはその伝達方途としての発話行為に密着したものであるはずの言霊が、その運用に支障を来すようなかたちで存在を措定されていたとは考えがたい。ゆえに、言霊は何かしらの規則乃至は制約のもとにあって、初めてその威をあらわすものであったと見るべきであろう。

とはいえ、かかる見立ては、現時点ではあくまでも無制約の弊害という観点よりの推測であるに過ぎない。事の当否を明らかにするためには、言霊が如何なることばにでも宿るものだったのか、また、単語や文章の別に拘らず、どのような形式であれことばでありさえすればその寄す処と為すことが可能であると見做されていたのか、という点について考えてみなければならないであろう。而して、かかる考究の結果はやがて、言霊という概念の内実、延いては古代人の言語を巡る意識の一端を究明することにも繋がるであろう。

一　折口信夫の指摘

序に呈示した疑問、すなわち「言霊に於ける規則や制約の有無」という問題について、折口信夫は非常に興味深い見解を披露している。

どんな語の断片にも言語精霊が潜んでゐたのではない。完全な言語の一続きでなければならなかつた。その外には嘗て一続きの形であつた言語の断片化して残つたもの、即、いまは断片化してゐるが本来の意味を、その使用法によつて感ずることのできる詞、これ以外には、言霊が内在すると見たとはいへぬ。それは呪文に潜んでゐる霊魂で、単語にあるものではなかつたのである。後世の呪文を見ると、それが行はれる場合には、嘗て持つてゐた全体の意味を含み、又ひほはしてゐる。即、詞は断片化してゐても、完全な意味を持つものと考へられてゐた。これと同種類といへる諺にも言霊は存在する。これを唱へると、その詞章の表現してゐる通りの結果が現れる。言霊の存在をそこに考へる訳である。(1)

傍点を施した文言からは、言霊があらゆる語に無制限に敷衍される類のものではなく、あくまでも一定の呪術的制約のもとにその存在をあらしめるものであったとする氏の解釈が看取できる。「諺にも言霊は存在する」という主張については、その根拠が何処に存するのかという問題もあって軽々には従いがたいが、少なくとも「どんな語の断片にも言語精霊が潜んでゐたのではない」のだと見る折口の指摘は正鵠を射たものであるといえるだろう。そもそも、言霊という概念の成立からして、「コト」に宿る「タマ」すなわち霊威という、呪術的な認識を前提したものであるという点に留意するならば、言霊が何らかの呪術的な手続きを経由し、もって初めてその威を発揮するものであったと考えることは、決して不自然なことではない。近しい例を挙げるならば、仏教に於ける読経や神道の祝詞なども、儀式的な発声行為によってその威を恃もうとするものであるし、祭りの起こりも、そもそもは神や精霊との交信を企図した呪術的儀式に端を発しているものである。恐らく古代の社会にあっては、かような一定の制約のもとでの行為こそが異能の存在者に働きかけ、その威力を揺り動かすと信じられていたのであろう。

二　言霊の宿るもの

だとすれば、言霊とは一体、何を拠所として生起するものなのか。かかる疑問を解く鍵は、「コトダマ」という語の初出、ならびにそれ以降に「コトダマ」という語が出現する文献がどのようなものであるか、という点に存しているものと思われる。

「コトダマ」という語が文献上に最初に登場するのは『萬葉集』に於いてであるということは、ここまでに幾度か述べた。では、それ以降はどのような文献の、如何なる文脈に於いてあらわれているのだろうか。その例を以下に掲示する。

①　……如是鎮へる事者毎事、雖劣毎物に非数ねど旅人に宿春日なる山階の仏聖の奉り献ふなり、大御代を万代祈り仏にも神にも申し上る事の詞は此国の本詞に逐倚て唐の詞を不仮らず、書記す博士不雇ず、此国の云ひ伝ふらく、日本の倭の国は言玉の富国とぞ、古語に流れ来れる神語に伝え来れる伝へ来し、事の任まに本世の事尋ぬれば、歌語に詠ひ反して神

事に用ゐ来れり、皇事に用ゐ来れり……[2]

（『続日本後紀』巻第十九　嘉祥二年三月庚辰条）

② 流れての世に、人に笑はれぬべければ、なほ雁の涙に落とし果ててんと思ふものから、なほ書き集めてけり。
春夏秋冬四季なり。
万世照らす日の本の国、言霊を保つに叶へり、動きなき奈良の都の東には、万世のかげ見ゆる鏡の山さやかにすめり。[3]

（『賀茂保憲女集』序文）

③ 「ひとゝせにこよいかぞふるいまよりは、もゝとせまでの月かげをみん」とよむぞかし。御かへし、御かど《醍醐》のしおはしましけるかにじけなさよ。
　いはひつることだまならば、もゝとせのゝちもつきせぬ月をこそみめ」。
御集などみたまふるこそ、いとなまめかしう、かくやうのかたさへおはしましける。

（『大鏡』六十代醍醐天皇条）

④ 言玉の　おぼつかなさに　をかみすと　こずゑすゑても　年を越すかな[4]

（『堀河院百首和歌』源朝臣俊頼作　一一一二）

⑤　ことだまの　覺束なさに　をかみすと　こずゑながらも　年を越すかな[5]

（『散木奇歌集』第四　冬部）

⑥　垂乳根の　神の賜ひし　言靈は　千世までまもれ　年も限らず[6]

（『清輔朝臣集』祝部　寄神祝の歌）

傾注すべきは、かような「コトダマ」の用例は、悉く和歌に詠み込まれたもの、乃至は和歌と深く関連する文章に於いて出来するものであって、記紀や『風土記』はおろか、それ以降の歴史文献や、祝詞の詞章などにも、「コトダマ」という語は一切あらわれていないということである。このことは、言霊が和歌との間に強い牽連《けんれん》を有していたということ、さらに誤解を恐れずにいえば、少なくとも古代人の間では、言霊は和歌と不可分な関係性を持つものとしてその存在を観念せられていたということを示唆するものであると考えられる。而して、かように言霊を和歌との連関のもとに捉えるならば、「コトダマ」という語の初出が『萬葉集』という我が国最古の歌集であるという事実が、俄にして強い蓋然性のもとにその重みを増してくるかの如くに思われるのである。

さてここで、先に引用した折口の言に今一度立ち返ってみたい。仮に氏の提示するような「完全な言語の一続き」になった「呪文」にのみ言霊が宿るものだったとして、では古代日本文化に於いてかかる条件を充足し得るものは何か。先述した「コトダマ」の出典の事実と併せて考えるに、これはやはり和歌であったと見るのが妥当だろう。それ自体では何らの力をも宿さぬ「語の断片」は、しかしながら、それらが集合し、和歌という「完全な言語の一続き」の体を得ることで、言霊を内在せしめる「呪文」として機能すると考えられたのではなかったか。

三　「うた」の認識

さて、今ここに、言霊の宿るものとして和歌を措定したが、この説を掲揚するにあたっては、古代人が如何なる認識をもって和歌というものを捉えていたかを探る必要があるだろう。而して、このことを考察するにあたり我々に貴重な示唆を齎《もたら》すのが、『古今和歌集』に序文として掲載されている「仮名序」である。『古今和歌集』は、紀友則、紀貫之、凡河内躬恒、壬生忠岑らが撰者となり、醍醐天皇の命によって延喜五年（九〇五）に編纂された初の勅撰和歌集であるが、その冒頭に収められている「仮名序」は、編者の一人である紀貫之が物した我が国最初の本格的な歌論として夙《つと》に知られている。

とはいえ、「コトダマ」という語の最古の出典先である『萬葉集』の成立は八世紀末頃と目されており、『古今和歌集』の完成はそれに遅れること百年強の乖離がある。それゆえ、「仮名序」に披瀝されている和歌論と萬葉の時代に於ける和歌のありかたとの間に若干のずれが生じている可能性は否定し得ない。しかしながら、「仮名序」には、

いにしへより、かくつたはるうちにも、ならの御時よりぞ、ひろまりにける。かのおほむ世や、哥のこゝろをしろしめしたりけむ。かのおほん時に、おほきみつのくらゐ、かきのもとの人まろなむ、哥のひじりなりける。

――中略――

又、山の邊のあか人といふ人ありけり。哥にあやしく、たへなりけり。人丸は、赤人がかみにたゝむ事かたく、あかひとは、人まろがしもにたゝむことかたくなむありける。

この人々をきて、又すぐれたる人も、くれ竹の世々にきこえ、かたいとの、よりよりにたえずぞありける。これよりさきの哥をあつめてなむ、万えうしふと、なづけられたりける。[7]

――中略――

という記述が為されていることから、筆者である紀貫之が柿本人麻呂や山辺赤人といった『萬葉集』を代表する歌人の作歌、延いては『萬葉集』に収められた歌々を和歌のあるべき姿と捉えたうえで、これを記したであろうことは疑えない。よって、「仮名序」に於いて展開されている歌論の内容は、それ以前の和歌に対する認識を探るにあたっても一定の参照に耐え得るものであると見てよいだろう。

「仮名序」の説く和歌論の要諦は、何を措いてもまずその冒頭部にある。ここで紀貫之は、和歌というものについて次のように述べている。

やまとうたは、ひとのこゝろをたねとして、よろづのことの葉とぞなれりける。世中にある人、ことわざしげきものなれば、心におもふことを、見るもの、きくものにつけて、いひいだせるなり。花になくうぐひす、みづにすむかはづのこゑをきけば、いきとしいけるもの、いづれかうたをよまざりける。ちからをもいれずして、あめつちをうごかし、めに見えぬ鬼神をも、あはれとおもはせ、おとこ女のなかをもやはらげ、たけきもの丶ふのこ丶ろをも、なぐさむるは哥なり。

この件からは、和歌に対する重要な認識を幾つか見出すことができる。まず、和歌とは「ひとのこ丶ろ」を「たね」として詠み出されるもの、すなわち人間の感情が「ことの葉」となって表出したものであるということが前提として語られている。また、「花になくうぐひす、みづにすむかはづのこゑをきけば、いきとしいけるもの、いづれかうたをよまざりける」とあるが、この一文は、人間だけではなく生物諸般に到るまで、その発音行為はみな「うた」として捉え得るものであるという認識があったことを示している。川村湊は、かかる感覚が所謂「汎言語主義」の産物であり、生物の発する声音に何らかの霊性が宿るとする古代アニミズムの発展形態であると解釈しているが、(8)言霊の成立もまた、汎言語主義やアニミズムがその背景に横臥していることや、その言霊が歌と密接に関わっているという点に鑑みるに、これは傾聴に値する指摘である。

さらに、最後の一文は和歌が如何なる性質を有するものであるかを説いており、和歌に対する認識を知るにあたり看過すべからざる箇所である。ここで紀貫之は、物理的な力を行使することなく天地の状態を変化せしめ、複雑な男女の仲を和らげ、武骨な武士の心を慰撫し、果ては鬼や神の心すらも感ぜしめる、霊妙な力が「歌」には秘められているのだと述べている[9]。すなわち、かように事物に働き掛け、それを動かす威力こそが和歌の本質であるという認識が古代人らに存していたということが、この記述から看取できよう。

而して、右に掲げた見解の裏付けとしては、『為兼卿和歌抄』の存在がある。これは、正和元年（一三一二）に成立した最大の勅撰和歌集である『玉葉和歌集』の撰者、京極為兼の物した歌論書であるが、そこには以下のような件がある。

境に随ひて、をこる心を声にいだし候事は、花になく鶯、水にすむかはづ、すべて一切生類みなおなじことに候へば、「いきとしいけるもの、いづれか哥をよまざりける」ともいひ、乃至草木を風吹きて枝をならすも、「柯は哥也」とて、それまでも哥なるよし撲揚大師も尺せられて候とかや。されば、天地をうごかし、鬼神をも感ぜしめ、治世みちともなり、「群徳之祖、百福之宗也」ともさだめられ、「邪正をたゞす事是よりちかきにはなし」
など候にや。[10]

ここで述べられている内容が「仮名序」の内容に即したかたちで書かれていることは、文中の表現からも明らかである。また、「天地を動かし、鬼神をも感ぜしめ、治世みちともなり、「群徳之祖、百福之宗也」ともさだめられ、邪正をたゞす事是よりちかきにはなし」という件に見られる「是」とは、いうまでもなく「哥」、すなわち和歌のことであり、ここからも「うた」の持つ権能に対する古代人の意識の一端を窺い知ることができよう。

ところで、かような「仮名序」や『為兼卿和歌抄』の内容は、翻って、和歌の間接性を示唆しているともいえる。これらの記述は、たしかに和歌に宿る力の存在を首肯している。しかしながら、「仮名序」の冒頭最終部に「力をも入れずして」とあるように、その威力は物理的作用をもって事を成す類のものではあり得ない。すなわち、和歌とはあくまでも事物に対する訴求に際しての媒介手段として存在しているのであって、それ単体の威力のみによって、目に見えるかたちで直接的に事象を転変せしめるものではないという認識が、彼らの内に存していたのであろう。[11]

而して、今しがた述べた如き和歌のありかたには、言霊に纏わる今一つの重要な概念との類似が見られるように思う。その概念とは、ほかでもない「言挙」である。

四　和歌と言挙

前章に於いて、言挙――就中萬葉以降のそれ――は、神と人とを結ぶ際に用いられる発話行為の謂であったと説いたが、これは和歌のありかたと近似しているように見える。このことを具体的にいえば、両者は事象を変転させる際の訴求手段として、ともに間接的な役割を担うものだということである。恐らくかかる近似は偶有によるものではなく、言霊という概念を仲立ちとして、両者は密接に結び付いているものと思われる。

そもそも言挙とは、たしかに神に対っての発話行為ではあるだろうが、言挙した内容がそのまま無媒介に直接神へと届くとは考えられない。言挙が有効となるには媒介としての言霊の存在が必要であり、人麻呂歌集歌のことばを借りるならば、「事霊の助くる」状態であることがその前提条件として存在しているのである。言挙によって言霊の霊威が発動し、その言霊が神意を動かす。この一連の過程こそが、「かく言えばかく成る」という、言霊による「言」の「事」化の構造であると考えられる。

では、仮に今何らかの内容を神に要請しようと企図したとして、ただ発話することのみをもって、それが即座に言挙となり、言霊を働かせしめることになるだろうか。その答えは、恐らく否である。繰り返しになるが、言霊が如何なることばに於いても無制限に宿り、その威を発動するものとして観念せられていたと見るわけにはゆかない。ゆえに、たとえば旱魃という窮状に面接したとして、そこで単に「雨よ降れ」とその要請のみを口にしたところで、それは単なる発話行為以上の意味を持ち得ない。したがって、それが言挙としての効験をあらわすこともないであろう。さらば、どうすればよいか。あるいはどうすべきであるのか。その答えはもはや灼然としている。言霊の宿ることばでもって言挙を行えばよい。而して、この条件に充当するものといえば、それすなわち和歌を措いてほかにあるまい。

結論から先に述べてしまえば、言挙は和歌の形式を採って行われるものであった、というのが本書の見解である。誤解のなきように断っておくが、ここにいう言挙とは、萬葉歌に見られる如き神への訴求行為としてのそれであって、記紀にあるような、神々の発話行為を指すものとしての言挙はその限りではない。あくまでも、ことばを特別視する概念に「コトダマ」という名称が附与され、且つはそれが文字という外殻を伴って明瞭に立ち顕れてより後に、言挙と和歌とが結節せられ、神と人とを繋ぐ言語行為としてその質を変容させたということである。而してこのことは、同じく前章に於いて指摘したように、記紀と萬葉との間で言挙に対する認識に齟齬が生じていることと、決して無関係ではあるまい。

勿論、記紀の時代にも言語に対する信仰があったことは疑い得ない。記紀の内容に目を遣れば、そこには複数の言語神の存在を確認することが可能であったし、もし仮にそうした信仰がなかったのだとすれば、「コトアゲ」のような発話行為を特別視する語が生起する蓋然性もないからである。

しかしながら、さようなことばへの信仰は、記紀の時期に於いては未だ思想概念としての言霊の体を為してはいなかった。ゆえにこそ、記紀には一度も「コトダマ」という語が出現しなかったのである。しからば、記紀に出現している類のコトアゲは、極言すれば思想としての言霊とは無関係であったということになるだろう。なぜなら、存在しない概念――これは語の非在という状態であるを意味しての謂ではない――と結び付くことなど不可能だからである。かく考えれば、記紀に於ける言挙が、特別な状況下に於いて行われるという傾向を有しつつも、あくまで単なる発話行為そのものの域を超出していないという点も肯ける。

ところが、萬葉にあってはそうではない。ここに到って「コトダマ」は、「事霊」乃至は「言霊」という名称を伴って、文献上に明確にその姿を見せるからである。言霊が単語に宿るものではなく、ことばが一続きの呪文となったもの、すなわち和歌にこそ宿るという考えも、恐らくはこれと前後するかたちで成立していたのではなかろうか。かくして思想概念としての実体を与えられた言霊は、これに先駆して存在していた特別な発話行為である「言挙」と結び付くことで、呪術的な制約を得ることとなった。そこより言挙は和歌という「完全な言語の一続き」のかたちを採ることによって、そこに宿る言霊の霊威を躍動させる手段として、かたや言霊は和歌という体裁のもとに行われる言挙の内容を神へと媒介するもの、別言するならば神と人とを架橋する存在として、銘々にその役割を担うこととなったのであろう。

　而して、仮に右の如くにあったとすれば、和歌と言挙との類似性という点についても説明がつく。言霊の宿る和歌と言霊に働き掛ける言挙とは、文字どおり言霊を軸として緊密な連関を有するに到ったわけであるが、それらは時間の経過とともに徐々に一体視されていったのではないか。述べ来った如くに、当初は言挙を和歌の形式でもって執行する、すなわち和歌の体裁を借りて言挙を行うというほどの関係だったものが、次第にその境界が曖昧となり、言挙の有する性質や、それに随伴して惹起する言霊の霊威といったものどもは、一つの規則性を有した和歌という表現方法の内に包摂されていくこととなった。より急進的ないいかたをすれば、和歌はやがて言挙そのものになったのである。だからこそ、『古今和歌集』の時代には、和歌は「仮名序」にいうような力を持つものと考えられるようになったのではなかったか。すなわち、和歌と言挙は似ていたから結び付いたのではなくして、結び付いて後に言挙に所与であった性質が和歌へと漸次浸潤していったことで、結果的に相似通った性質を有するものであるが如くに捉え得るかたちになったのではないかと考えられるのである。

結

本章では、冒頭に掲示した言霊に関する折口の見解を出発点とし、言霊が宿るものは何かという疑問の回答として和歌を措定した。また、その和歌が古代人たちにどのように認識されていたのかを考察する過程で、和歌と言挙との共通項を見出し、言霊と言挙、和歌の三者がそれぞれ密接に結び付くことで、言霊の霊威発動に際して一定の規則や制約――言霊は和歌のことばに宿り、言挙は和歌の形式をもって行われるものであったということ――を形成するに到ったという結論を導いた。言霊が「コトダマ」という呼称を伴って初めて登場したのが、日本最古の歌集である『萬葉集』であったという点や、萬葉以降に見える言霊が、いずれも和歌に詠まれた歌詞、もしくは歌に関して述べた文章の中にあらわれており、記紀や祝詞などには一切登場していないということからも、如上の所説は一定の信憑を有するのではないかと思われる。

さて、本書に於けるここまでの考察で、言霊やそれに纏わる諸概念について、雑駁且つ朧げにではあるが、その内実を確認することができたのではないかと考える。そこで次章では、これまでに為した一連の議論を踏まえたうえで、日本思想上に於いて言霊が如何なる意義を持つものであり、どのような役割を果たしてきたかという点について言及し、もって全体の綴じ目としたい。

（1）折口信夫「言靈信仰」（『折口信夫全集 第廿巻 神道宗教編』所収、中央公論社、一九七六）二四五～二四六頁。
（2）森田悌訳『続日本後紀（下）』講談社、二〇一〇、三二五～三二六頁。
（3）『和歌文学大系20 賀茂保憲女集／赤染衛門集／清少納言集／紫式部集／藤三位集』明治書院、二〇〇〇、九頁。
（4）『和歌文学大系15 堀川院百首歌』明治書院、二〇〇二、二〇四頁。
（5）『散木奇歌集』（『校註国家大系第十三巻中古諸家集全』所収、講談社、一九七六）五七四頁。
（6）『清輔朝臣集』（前掲『校註国家大系第十三巻中古諸家集全』所収）七八三頁。
（7）以下、「仮名序」についての引用は全て、『日本古典文学大系8 古今和歌集』（岩波書店、一九五八）

に拠った。

（8）川村湊『言霊と他界』講談社、二〇〇二、二九四頁。

（9）ただし、かかる認識は貫之の独創でもなければ、そもそも日本独自のものでもない。同じく『古今和歌集』の序文として残っている紀淑望の手に成る「真名序」には、「動天地、感鬼神、化人倫、和夫婦、莫宜於和哥」と、「仮名序」と同様の主張が為されているが、これは『詩経』大序に「動天地、感鬼神、莫近於詩」とあるのを踏まえたものである。その他の箇所に於いても、『詩経』を参考にしたと思われる所説が散見される。

（10）『為兼卿和歌抄』（『歌論歌学集成 第十巻』所収、三弥井書店、一九九九）四七～四八頁。

（11）この点に関して川村湊は、「仮名序」や『為兼卿和歌抄』が和歌の働き掛ける対象について「鬼神」や「男女の仲」、「武士のこころ」といった目に見えないものを挙げている点に着目し、これは目に見えるものに対する言霊の威力が確認できないことに由来しているという見解を披露している。

終章　浮上と沈潜

序

前章までに、幾つかの観点から言霊を論じてきたが、その内容はあくまでも言霊を呪術的、あるいは信仰的な側面より捉えてのアプローチであった。勿論、かような側面に於いて言霊がその存在を求められ、日本思想の上に姿をあらわしたものであろうことは疑えないが、一方で、これとは別の観点乃至は企図のもとに、古代人の中で言霊というものが考えられていた可能性もまた否定し得ない。否、それどころか、以下に論ずる複数の点を勘案すれば、言霊が今一つの目的のもとにその存在を要請された可能性が、明確に立ち顕れてくるのである。

一　「やまとうた」と「からうた」

まず、前章に於いて取り挙げた『古今和歌集』の「仮名序」を再度見てみたい。「仮名序」は、「やまとうたは、ひとのこゝろをたねとして、よろづのことの葉とぞなれりける」という書き出しによって始められていた。かかる一文は、その文言のままに、人間の心情がことばとして発露したものが和歌であるという見解を表明したものであり、一見する限りに於いては何らの問題もないかのように思われるのであるが、その実よくよく考えてみると不思議である。「仮名序」の文中に於いて述べられている内容はもとより、何よりもこれが『古今和歌集』の序文として献じられているという点に鑑みるならば、「仮名序」が和歌についての所論を説くものであるということは明白である。にも拘らず、これを著した紀貫之は、何故ここで単に「うた」と書かずに、殊更に「やまとうた」としてこれを強調したのであろうか。

「仮名序」を冒頭段落より読み進めていくと、そこには興味深い内容の一節が見える。

このうた、あめつちの、ひらけはじまりける時より、いできにけり。［あまのうきはしのしたにて、めがみをがみとなりたまへることをいへるうたなり。］しかあれども、世につたはることは、ひさかたのあめにしては、したてるひめにはじまり、［したてるひめとは、あめのわかひこのめなり。せうとの神のかたち、をかたににうつりて、かゞやくをよめるえびすうたなるべし。これらは、もじのかずもさだまらず、哥のやうにもあらぬことどもなり。］あらがねのつちにしては、すさのをのみことよりぞ、おこりける。ちはやぶる神代には、うたのもじもさだまらず、すなほにして、事の心わきがたかりけらし。ひとの世となりて、すさのをのみことよりぞ、みそもじあまり、ひともじはよみける。［すさのをのみことは、あまてるおほ神のこのかみ也。女とすみたまはむとて、いづものくにに宮づくりしたまふ時に、そのところに、やいろのくものたつをみて、よみたまへるなり。やくもたついづもやへがきつまごめにやへがきつくるそのやへがきを。］

ここでは「このうた」、すなわち「やまとうた」の成立過程が述べられている。「仮名序」の説くところによれば、「うた」というものそれ自体は、「あめつちの、ひらけはじまりける時」すなわち天地開闢と時を同じくして生じたものであるという。これは、読んで字の如くに、和歌が世界とともに成立したということを意味していよう。しかしながら、一方で「うた」が膾《かい》炙《しゃ》するには時差があるとされており、而してその初発は「ひさかたのあめ」に於ける下照姫命の「せうとの神のかたち、をかたにうつりて、かゞやくをよめるえびすうた」に求められるという。かかる件が示している内容は、『日本書紀』神代下第九段にあらわれる以下の如き記述を指すものと思われる。

時に、味耜高彦根神、光儀華艶しくして、二丘二谷の間に映る。故、喪に会へる者歌して曰く、或いは云はく、味耜高彦根神の妹下照媛、衆人をして丘谷に映く者は、是味耜高彦根神なりといふことを知らしめむと欲ふ。故、歌して曰はく、

天なるや　弟織女の　頸がせる　玉の御統の　穴玉はや　み谷　二渡らす　味耜高彦根

又歌して曰はく、

天離る　夷つ女の　い渡らす迫門　石川片淵　片淵に　網張り渡し　目ろ寄しに　寄し寄り来ね　石川片淵

此の両首歌辞は、今夷曲と号く。

ここに見える二首は「夷曲（ひなぶり）」と呼ばれているが、その「夷」という字を受けて、「仮名序」はこれを「えびすうた」といったのであろう。また、これらの歌を眺めてみれば、七五調に整っておらず、文字数にも規定があるようには見受けられない。かような歌ぶりゆえに、かかる二首は「哥のやうにもあらぬことども」と評されている。而してこのことは翻って、この時点に於ける「うた」は、未だ「やまとうた」とすべきものではなかったという見解を示すものでもある。

如上の説明を経て、「仮名序」の記述は「あらがねのつち」へと移行し、地上に於ける「うた」の起源を「すさのをのみことよりぞ、おこりける」ものであると説く。ここに於いて殊に注目すべきは、「すさのをのみことよりぞ、みそもじあまり、ひともじはよみける」と一文である。かかる主張は、「やまとうた」すなわち和歌の、わけても三十余り一文字から成る短歌の形式が、かの有名なスサノヲの詠んだ「八雲立つ」の歌を祖として確立したものであるというにほかならない。天地開闢と同時に誕生した「うた」は、「ちはやぶる神代」に於ける「うたのもじもさだまらず、すなほにして、事の心わきがた」い状態を経由し、「ひとの世」となってついに和歌としての体裁を得るに到ったとされる。すなわち、和歌の伝統を神の詠歌に認める見解がここに於いて披瀝されているのである。西郷信綱によれば、これは漢詩が大勢を占めていた当時の宮廷文芸の地位を、和歌が取り戻すことに成功したという立場を宣言したものであるという[1]。

『古今和歌集』が編纂される以前の時期にあっては、宮廷では漢詩が歌文化の主役であった。このことは、弘仁五年（八一四）に嵯峨天皇の勅令で編まれた『凌雲集』を皮切りに、弘仁九年（八一八）に『文華秀麗集』、天長四年（八二七）には『経国集』と、平安初期に勅撰漢詩集が相次いで編纂されていることからも窺える。かような時勢にあって、九〇五年に編纂された初の勅撰和歌集である『古今和歌集』の序に於いて、自国の文化である和歌を殊に「やまとうた」と呼称する紀貫之の態度には、やはり何かしらの意図や認識が存していたものと見るべきである。而してそれは恐らく、当代にあって「やまとうた」の地位を長らく脅かしてきた漢詩、すなわち「からうた」への対抗意識であったものと思われる。

かように、大陸様の「からうた」への対抗文化として和歌を措定していることは、翻って、自国意識の発露の徴とも取れる。大陸文化の借り物である「からうた」が隆盛を極める宮廷に於いて、その地位を自国の文化である「やまとうた」のもとに奪還せしめるということは、単に歌の形式の覇を争うというのみにとどまらず、古代人たちが日本文化のアイデンティティを再確立するための熾烈な闘争でもあったのだろう。

かくして自国意識の奔出に煽動せられた和歌復権の試みは、『古今和歌集』の編纂が完遂したことにより、一応の達成を見たようである。このことは、『古今和歌集』が完成した九〇五年から、永亨十一年（一四三九）成立の『新続古今和歌集』に到るまで、実に二一もの勅撰和歌集が編まれていることや、大嘗祭や新嘗祭といった公儀に用いられていた儀礼的な宮廷詩である「大歌」を管掌していた大歌所が、『古今和歌集』の成立と時期を同じくして衰退していった[2]ことからも確からしいと思われる。

だとすれば、先に掲げた「仮名序」の件に於いて、「やまとうた」の起源がスサノヲの詠に求められていた理由も判然としてこよう。すなわち「仮名序」はここに、和歌の淵源をスサノヲの神詠に求めることで、神話に連続せし神聖なる伝統のもとに和歌の権威づけを企図したのである。

ここまでに述べ来った如くに、「仮名序」には、大陸文化としての「からうた」に対抗する自国文化としての「やまとうた」という彼我認識、さらにはそれを喚起する源流としての強烈な自国語意識の揺曳《ようえい》が認められる。だが、かような自国語意識は、『古今和歌集』編纂の時期にあって、やにわに惹起したものであったのだろうか。その答えは、否とすべきであろう。西郷も指摘しているように[3]、かかる意識の幹流はその前代、すなわち萬葉の時代に準備せられたものであったと解するべきである。そこで、次節では萬葉歌へと立ち返ることで、「仮名序」へと架橋されるこの自国語意識が如何なるかたちで萌芽したものかを探ってみよう。

二　彼我意識としての言語

萬葉歌に目を遣れば、そこには自国に対して冠せられる美称の存在が複数確認できる。以下にその例を挙げてみよう。

・大日本《おほやまと》（四七五）
・八島（一〇五〇）
・八島国（一〇六五）
・蜻蛉島（二、三二五〇、三三三三、四二五四、四四六五）
・葦原瑞穂国（一六七、一八〇四、三二二七、三二五三、四〇九四）
・虚見通(4)（一、二九、八九四、三二三六、四二四五、四二六四）
・敷島・磯城島（一七八七、三二四八、三二四九、三二五四、三三二六、四二八〇、四四六六）

括弧内は語の詠まれている歌番号

ここに列挙した語を含む和歌を見てみると、興味深い事実が浮かび上がってくる。これら二六首のうち、自国をあらわす美称の後に「〜国は」と続くのは僅かに七首のみ（一、二、八九四、三二五〇、三二五三、三二五四、四二六四）であり、その中で「〜国は」以降にその特色を述べる内容が続くものは八九四、三二五〇、三二五三、三二五四、四二六四の五首しかない。さらに、この五首のうち四首は、

そらみつ大和の国は……言霊の幸はふ国　（八九四）
蜻蛉島大和の国は神からと言挙げせぬ国　（三二五〇）
葦原の瑞穂の国は神ながら言挙げせぬ国　（三二五三）
磯城島の大和の国は事霊の助くる国ぞ　（三二五四）

と、そのいずれもが「コトダマ」乃至は「コトアゲ」の語を含む歌なのである。これは偶然であると片付けてよいものだろうか。

その主述の構成に着目すれば、これらの歌々が「〜国は」に含まれる助詞「は」によって、前後を同格で結ぶ構造を有するものであることがわかる。つまり、前掲の四首はどれも「日本という国はこういった国である」というかたちで、自国の特性、換言するならば国柄を述べているのである。

さて、ある集団に属する者がその集団の特性を闡明するとき、そこには如何なる目的が意図せられ、且つまた、如何なる意識がその背後に潜んで居るか。無論のこと、同じ集団に於ける他の成員、すなわち内部へと向けての周知や、共有理解の再確認という意味合いをそこに認めることも可能であろう。しかしながら、問題の四首が詠じられるに到ったその背景を睨むとき、そこには一つの共通点が立ち顕れてくる。而して、かかる共通点こそが、これら四首の詠者をして上述の如き主述構成を為さしめたところの動機を縁取る、その輪郭を形成しているものと考えられる。

当該四首のうち、人麻呂歌集歌の三二五三、三二五四ならびに憶良の八九四については、第三章に於いてその作歌背景も含めてそれぞれに考察を加えたが、三二五〇については第四章で『萬葉集』中の「言挙」用例として挙げるのみにとどまっていた。そこで、論を先へと進める前に、今一度三二五〇に目を通しておこう。

三二五〇は、以下に掲示する如くに、続く三二五一ならびに三二五二を反歌として三首一連を為している。

蜻蛉島　大和の国は　神からと　言挙げせぬ国　しかれども　我れは言挙げす　天地の神もはなはだ　我が思ふ　心知らずや　行く影の　月も経ゆけば　玉かぎる　日も重なりて　思へかも　胸の苦しき　恋ふれかも　心の痛き　末つひに　君に逢はずは　我が命の生けらむ極み　恋ひつつも　我れは渡らむ　まそ鏡　直目に君を　相見てばこそ　我が恋やまめ　（巻第十三・三二五〇）

反歌

大船の　思ひ頼める　君ゆゑに　尽くす心は　惜しけくもなし　（同・三二五一）

ひさかたの　都を置きて　草枕　旅行く君を　いつとか待たむ　（同・三二五二）

これらの歌は、遠方へと旅立つ夫を偲び、その帰還を待つ妻の心中を表白したものである。当該歌群の背景については、伊藤博が、旅立つ夫は官人で、おそらくは瀬戸内を通って海外に派遣されるのに相違ない。長歌の「蜻蛉島大和の国は神からと言挙げせぬ国　しかれども我れは言挙げす」という仰々しい歌い起こしや、第一反歌の「大船の」という枕詞がそのことを暗示する。本来、さような官人を見送る宴席で、送り出し待たねばならぬ女の心を述べる歌として成立し、誦い続けられたのであろう[5]。

と分析しているように、海外への旅路を想定したものであろう。

だとすれば、先に挙げた四首は、実にその全てが海外へ渡航する遣外使に寄せて歌われたものであるということになる。さらに、当時の日本の外交情勢や、人麻呂歌集歌と憶良の「好去好来の歌」とが、ともに遣唐使の餞宴《せんえん》に献じられたものであろうことを考え合わせるに、これらの歌々に於ける海外とは、主として唐代中国のことを指すものと推断せられる。したがって、この四首が殊更に日本の国柄を強調するような歌い出しをしている背景には、自国の比較対象としての中国の存在があると見て相違あるまい。

このことを念頭に置いて当該四首を再び見てみると、そこには外国に対する強烈な自国意識が透けて見えてくる。わけても、歌中に「コトダマ」の語が詠み込まれている八九四ならびに三二五四の二首は、かかる傾向が一際強いように思われる。というのも、この二首は単に自国の特性を強調するのみならず、日本は「コトダマ」に祝福された国であると詠むことによって日本語にのみ言霊が宿るという見解を打ち出し、そこに独自性を附与することで、もって自国語と外国語とを截然と区別せんとする姿勢が窺われるからである。

三　自国語という意識

自国語を巡るかような対外意識の発露は、他の萬葉歌からも看取することができる。たとえば、萬葉歌には次のような表現が認められる。

つのさはふ　石見の海の　言さへく　唐の崎なる　海石にそ　深海松生ふる　荒磯にそ
玉藻は生ふる……　（巻第二・一三五）

……言さへく　百済の原ゆ　神葬り　葬りいまして　麻裳よし　城上の宮を　常宮と　高くまつりて　神ながら　鎮まりましぬ……
（同・一九九）

「言さへく」とは、「百済」や「漢」といった外国の名に掛かる枕詞である。「さへく」とは鳥の囀りのことであり、古代人たちが異国のことばを意味不通のもの、人語として罷り通らぬものとして捉えていたことが窺える。[6] また、これと同様の意識を有するものして、「さひずらふ」や「さひづるや」という語がある。

住吉の　波豆麻の君が　馬乗衣　さひづらふ　漢女をすゑて　縫へる衣ぞ
（巻第七・一二七三）

……あしひきの　この片山の　もむ楡を　五百枝剥き垂れ　天照るや　日の異に干し　さひづるや　韓臼に搗き　庭に立つ　手臼に搗き　おしてるや　難波の小江の　初垂を　からく垂れきて　明日取り持ち来……
（巻第十六・三八八六）

これらも先の「言さへく」と同様にして、「漢」や「韓《から》」といった外国の名に冠せられている。漢字にすれば「囀らふ」、「囀るや」となり、外国語を鳥の囀りの如きものと捉えての表現である。而して、かような表現を外国の名の枕として用いる認識の根柢には、自国語こそが意思疎通に能う人語であるという意識が存していたと見てよい。さらに、伊藤益によれば、これらの句があらわれるのは人麻呂の手による詠か、あるいはそれとほぼ同時代の作に集中しているという[7]。伊藤はこのこと、ならびにこうした句よりも古い時期に当たる文献中の章句に国語意識の発揚を示す確たる例が見えないという点をもって、我が国に於いて国語意識があらわれたのは人麻呂の時期に特定されると推断しているが[8]、これは大いに注目すべき見解である。

　人麻呂の時期が自国語意識発揚の先駆を為したと考え得る理由はほかにもある。今日の人麻呂研究に於いては、その作歌について漢籍の影響を認める論が多く見られるのであるが、わけてもその用字に関して、和語の表記を漢籍由来の語をもって行う例が多く見られるということは先学の夙《つと》に指摘するところである。而して、かかる点について阿蘇瑞枝が、

　その個々の歌に出典を定めることが困難なことは、諸先学の説くごとくであって、人麻呂

の歌にいかに古来の歌にみられなかった発想・表現があり、しかも漢籍風であったとしても、それが直接的影響関係、すなわち模倣・翻訳といったものでは決してなかったことは確実である。(9)

と総括する如くに、人麻呂にとって自国語を用いて詠まれる和歌は、断じて中国からの借り物の文学などではなかった。むしろ、さような漢籍の用例を自国語のうちに包摂し、馴化せしめることを通して、自国語や、それによって形成せられる和歌を、独自性を有する自国固有の文化として躍進せしめようとする姿勢こそ、人麻呂の詠風の根柢を為すものであったと見なければならない。

さらば、三二五四の如き例も、人麻呂のうちに胎動する自国語意識が和歌という表現手段のもとに結果したものであったといえよう。異国へと赴く遣外使に対する<ruby>餞《はなむけ》の歌に於いて、自国が「言霊の助くる国」であると詠じたその心中には、言霊という霊妙な力が宿る自国語と、それを育んだ自国とに対する自負や矜持が抱かれていたに相違あるまい。

さらに、人麻呂から時代が下り憶良に到ると、かような意識はより一層顕著になっていったものと見える。憶良の「好去好来の歌」が、人麻呂歌集歌の三二五三および三二五四を下敷にして詠まれたものであろうということは既に述べたが、それは単に人麻呂歌集歌の模倣にとどまるものではあり得ない。なぜならば、憶良はこの歌の冒頭に「神代より言ひ伝て来らく」といい、自国の歴史や伝統の系譜が神代からのものであると前置きしたうえで、「大和の国」は「言霊の幸はふ国」であると同時に、「皇神の厳しき国」でもあると表明しているからである。

この「皇神」という語は、「山科の石田の社のすめ神に（巻第十三・三二三六）」や、「住吉のあが皇神に幣奉り（巻第二十・四四〇八）」のように、ある特定の地域を領《うしは》く神を指す場合と、「わご大君物な思ほし皇神の（巻第一・七七）」の如くに、皇祖神の敬称として用いられる場合とがあるが、憶良の歌では「大和の国は」の後に続けていることから、自国全体を領する神として後者の意で用いているものと解せられる。

すなわち、「好去好来の歌」の冒頭に於いて、憶良は自国の特性を、皇祖神の神威が遍く行き渡っていること――これは同時にその子孫である天皇によって統治された神聖なる国家として自国を讃美する意図が存していたであろう――、ならびに言霊が祝福する国であるということ、この二点をもって把捉していたということになる。一点目は、当代の政治体制を神話の系譜との連続性のもとに位置付けることによって、自国の聖性や伝統の重きを強調すること、換言するならばナショナリズムの発揚を狙ったものといえよう。

興味深いのは二点目である。ここまでの考究の途上に於いて、言霊という概念の成立時期について、これを『萬葉集』の時代と同時期か、あるいはそれを大きく遡逆しないものであったと述べた。ところが、憶良はここに「神代より言ひ伝て来らく」という文言をもって、自国が「言霊の幸はふ国」であることもまた、皇祖神の起源と同様にして神代以来の言い伝えであると語っているのである。これは、憶良の時代にあっては未だ比較的新しい思想であったはずの言霊を、神代の昔から連綿と存在しているものであると主張することで、言霊を自国語意識掲揚の支柱としてより強固に位置付けようとする企図のあらわれであるかの如くに見受けられる。而して、かかる手法は人麻呂歌集歌の三二五四に於いては看取せられぬものであった。このことから、憶良にあっては、人麻呂以上に言霊の存在、延いてはそれが宿る唯一の言語としての自国語に対して、そこに歴史性や正統性を附与しようとする意識が強く観念されていたといえるのではないだろうか。

かように、人麻呂の時代にその萌芽を見た自国語意識は、憶良の頃になると対外的な国家意識を孕みつつ、よりナショナリスティックな様相を呈していったようである。而して、人麻呂から憶良へと継承され、その憶良に到って一層先鋭化された自国意識は、時代が下り、大陸文芸からの影響著しい「からうた」に席巻された平安初期に於いて再び強く意識され、その首を擡《もた》げたのであろう。いうなればそれは、宮廷歌の形式を巡る争いという表層のうちに仮託された、日本文化の恢復運動ともいうべき熾烈な思想闘争であった。

しかしながら、人麻呂や憶良が有していたとおぼしい這般《しゃはん》の認識は、厳密にいえば「仮名序」に於いてあらわれているそれと全き同質を為すものであったとはいえない。先述の如くに、人麻呂や憶良が抱いていたのは、皇統への尊崇を前提とした国家意識と、それを支える裏打ちとしての自国語意識とが相俟ったものであった。これは、外国に対しての自国という、対外関係を顧慮したかたちでの比較意識が、彼らの時代にあって初めて明確に観念されたという事態の表象であるだろう。しかしながら、「仮名序」の内容は「やまとうた」のありかたを考究することのみを志向したものである。したがって、そこに於いては「からうた」ではなく「やまとうた」こそが神代より受け継がれてきた正統性を有する文学であるとして、自国語の優越性を前面に押し出そうとする意識の表出こそ明瞭に観察し得るものの、国家についての意識を殊更に披瀝するかのような言説を見出すことはできない。

四　自国語と自国

かかる問題に関して、今一つの例を見てみたい。『古今和歌集』の成立から遡ること五十余年、『続日本後紀』巻第十九の嘉祥二年（八四九）の条には、「コトダマ」の語を含む長歌が収録されている。これは、前章に於いて萬葉以降の「コトダマ」用例として紹介したものであるが、ここに今一度取り出し、その内容を吟味してみよう。

件の長歌は、嘉祥二年三月二六日、仁明天皇が四十歳になったことを祝賀し、興福寺の大法師らが、観音菩薩像四十体および『金剛寿命陀羅尼経』の写経四十巻を献上した際に添えられたものである。極めて長大な歌なので、以下要所のみを引用しながら考えていくこととする。

当歌は、まずその冒頭に、「日本の野馬台の国を神ろぎの宿那毗古那が葦菅を殖生しつつ国固め造りけむ」と、日本が神代から続く悠久の歴史のもとにあるのだと前置きしたうえで、次のようにうたう。

……我が国の　聖の皇は尊くも　御坐が　日宮の　聖の御子の　天下に　御坐て　御世御世に　相承襲て　毎皇に　現人神と　成り給ひ　御坐せば　四方の国　隣の皇は　百嗣に継ぐと云ふとも　何してか　等しく有らむ　所以に　神も順ひ　仏さへ　敬ひ給ふ……

この節では、現人神として代々日本を領《うしは》く皇統が如何に尊いものであるかを述べ、「四方の国」や「隣の皇」、すなわち周辺の諸国や中国の皇帝がたとえ百代にわたって継続するものであったとしても、それは日本の皇統と同格にはないと強調している。さらに、さような皇統の聖性は、神々も認め、仏さえもこれを敬っているのだと説く。ここには、自国と外国とを比較したうえで、前者に優越を認める認識がありありと披瀝されている。また、「四方の国」と「隣の皇」とをわざわざ別にして記述していることや、「神も順ひ仏さへ敬い給ふ」として、自国の神々と大陸伝来の宗教である仏教の「仏」とを並立して持ち出し、それらがともに皇統に尊崇の念を抱いていると述べていることからも、とりわけ中国をその比較対象に措定しているであろうことが窺える。

以降の段では、様々な文言をもって天皇を祝福する件が暫く続いてゆくが、歌の後半に差し掛かるあたりで「コトダマ」を含む節があらわれる。

……大御代を　万代祈り　仏にも　神にも申し　上る　事の詞は　此国の　本詞に逐倚て
唐の　詞を不仮らず　書記す　博士不雇ず　此国の　云ひ伝ふらく　日本の　倭の国は
言玉の　富国とぞ　古語に　流れ来れる　神語に　伝え来れる　伝へ来し　事の任まに

本世の　事尋ぬれば　歌語に　詠ひ反して　神事に　用ゐ来れり　皇事に　用ゐ来れり
本の世に　依り遵ひて　仏にも　神にも申し　挙陳て　禱りし誠は　丁寧と　聞こし食してむ……

この節の内容は非常に重要なので、先に歌意を通しておく。

天皇の御世が万代にわたって続きますことを祈念して、仏にも神にも申し上げるこの詞は、我が国本来のことば、すなわち本詞によるものでありまして、唐のことばを用いることなく、また、漢籍を専攻する学者たちの手を借りることもしておりません。言い伝えによれば、この大和の国は言霊によって祝福された国であるということでございます。そうした古くからの伝承や詩歌、神話などにこの国の本来のありかたを尋ねたところによれば、この本詞は、歌を詠む際や、神事、皇事に於いて用いられてきたものでございます。そこでこのたびは、そうした本来のありかたに従い、神にも仏にも言挙して、天皇の御世の繁栄をお祈り申し上げました。この私どもの本心を、何卒懇ろにお聞き届け下さいますよう。

ここでは、かかる長歌が自国本来のことばである「本詞《もとつことば》」によって詠まれたものである旨を再三にわたって述べ、且つは「唐の詞を不仮らず、書記す博士不雇ず」と、漢籍を用いることへの抵抗感を殊更に表明することによって、自国語に対する強い矜持を覗かせている。また、その直後の「此国の云ひ伝ふらく日本の倭の国は言玉の富国」という表現は、まさしく憶良の「神代より言ひ伝て来らくそらみつ大和の国は……言霊の幸はふ国」を踏襲したものであり、その言霊の宿る「本詞」を用いて詠んだ歌の内容を「仏にも神にも申し、挙陳（ことあげ）て禱」っていることからも、当歌が人麻呂歌集歌や「好去好来の歌」の影響下に於いて作られたものであることは言を俟たない。

この『続日本後紀』所収の長歌と、人麻呂歌集歌・憶良両者の歌とに共通しているのは、自国語意識と渾然一体を為す強烈な自国意識と、歌中に見える「コトダマ」という語の存在である。勿論、先に挙げた「仮名序」に於いても、これが収録されている『古今和歌集』は勅撰集であり、したがって、その編纂の契機が天皇の勅命にあるという成立背景や、和歌成立の起源を神話に帰趨せしめようとするその姿勢から、皇統に対する一定の矜持がそこに前提されているであろうことは疑えない。しかしながら、それはあくまでも「やまとうた」を自国の正統文芸として在らしめるための前提、別言するならば礎石として存在しているのであり、そのこと自体を前面に押し出そうとしているわけではない。また、「仮名序」では、その冒頭部で言及される「やまとうた」に宿る霊妙な力について、言霊に宿る力と極めて似通った認識が披露されているが、だからといってそこに「コトダマ」という語が持ち出されることはない。このことは、「仮名序」にあっては言霊もやはり、「やまとうた」を論じるにあたっての前提条件に過ぎぬものであったということを意味していよう。

事の次第をかように捉えるとき、ここに取り挙げている四例（人麻呂・憶良・続日本後紀・仮名序）は、自国意識と自国語意識ならびに「コトダマ」という語を全て含み入れている前三者と、自国語意識のみを内包する「仮名序」との二種に大別せられる。而してこのことは、「仮名序」に於いて閑却せられている自国意識と言霊とが、それらが相並んで脱落する――あるいは脱落せねばならない――要素というものをその内に含み持っていた可能性を告げ知らせるものであるかに見える。如何せん比較材料が四例と乏しいため私見の域を出るものではないが、言霊はことばに宿る霊威というその性格から、一見して自国語意識の方に密接に連関しているかの如くに捉えられがちではあるものの、その実はむしろ、自国意識を表出するに当たって好んで持ち出されるものであったのかもしれない。

而して、奇しくもこの説を裏付けるかのように、言霊は近世以降の国学や国粋主義の擡頭を機に、再びその存在に着眼されるようになってゆくのである。

浮上、そして沈潜――結びにかえて――

さて、本章に於けるここまでの考究によって、言霊が呪術的乃至は信仰的な側面からのみならず、歴史的背景、わけても対外意識という観点からその存在を要請されていたであろう可能性というものについて言及した。そこで、最後にこれまでの論究を踏まえたうえで、言霊の発生からの流れを今一度振り返ってみたい。

まずもって言霊というものが、呪術的あるいは信仰的な側面からの要請を契機として誕生したであろうことは論を俟たない。而してそれは、言霊成立以前の時代に観念されていたことばの持つ権能に支えられた「言」の「事」化に対する信頼に揺らぎが生じたことに端を発するものであった。さような事態にあって、従来ことばの力を管掌していたコゴトムスヒやヒトコトヌシ、コトシロヌシといった記紀神話に登場する「言語神」たちへの信仰が古代人らの中で次第に閑却せられるようになると、それらに代わる新たなことばの霊力の担い手がその存在を嘱望されることとなった。かくて、萬葉の頃に成立したその新興概念は、「コトダマ」という名称をもって『萬葉集』にその初出を見ることとなる。

これと時期を同じくして、古代人たちは遣外使の派遣などを契機に、その内に対外的な自国意識――これは当代随一の先進国であった中国に対するある種の劣等感の裏返しであったかもしれない――を芽吹かせていた。そこで、人麻呂や憶良といった当時の歌人たちは、さような自国意識とそれに伴う自国語意識との拠所としての側面を、未だ新興の思想であった言霊のうちに見出し、これを遣外使への餞歌《せんか》という対外関係に纏わる歌のうちに詠み込むことによって、自国に対する矜持を表明していった。すなわち、言霊はその成立初期の段階にあっては、時代と思想という両面よりの要請を受けて存在していたものであったといえる。

人麻呂の時代から憶良へと続くこの傾向性は、『続日本後紀』の頃までは明確に看取せられるが、「仮名序」が物された時期になると、殊更なる自国意識というものは影を潜め、自国語意識のみが際立つようになる。これは、国家として未だ新興であった萬葉の時代から平安の世に移り、国家観という面での対外的なコンプレックスが一応の解消を見たがゆえのことであったかもしれない。ともあれ、これ以降に於いて、言霊という語はしばしば和歌の文言や、あるいは歌論の一節などに登場するものの、やはり先に述べた如き自国への意識というものは看取せられないように思われる。

ところが、江戸中期になり、戸田茂睡や下河辺長流、契沖といった歌学者の手に成る和歌研究の成果を土台として国学が興ると、言霊は再び脚光を浴びることとなった。国学は、儒学をはじめとする外来思想を受容する以前の自国のありさまに最上の価値を見出し、そこに立ち返るべきとの立場を採るが、その背後には江戸の幕藩体制、すなわち封建制度を支える論理として重用せられ、主要学問としての地位を占めていた儒学に対する反撥が少なからず存していたであろう。かように外来思想と対峙しつつ形成されていった国学による一連の思索に於いて、記紀や『萬葉集』が再評価され始めると、言霊もまた再びその姿を表舞台に見せることとなった。

たとえば、国学の大成者として名高い本居宣長は、徂徠学派の儒者である市川鶴鳴がその著書『末賀之比禮』に於いて自説を批判したことを受けて、『くず花』という反駁書を物しているが、そこでは大陸伝来の文化、とりわけ漢籍を「さかしら」な「毒酒」であると断じ、これを激しく攻撃する一方で、言霊の宿る自国語を「妙なること萬國にすぐれたる」ものであると主張している[10]。ここには、日本独自の言語意識である言霊の存在を根拠として、自国語の優位に基づく自国の優越性を称揚しようとする宣長の企図が明白にあらわれていよう。国学思想の先駆を為した契沖や宣長の師である賀茂真淵なども、その萬葉研究を通して早くに言霊の存在に着目していたし、あるいはまた、宣長の言語解釈に異を唱えて独自の言霊論を展開した富士谷御杖や、一音一義の立場に基づいて言霊の真意を明らかにしようとした高橋残夢など、言霊研究に情熱を注いだ国学者は枚挙に遑がない。

かような国学の隆盛に伴う言霊の再評価という構図は、大陸の文化・思想への対抗としての国学というシチュエーションから眺め遣るに、人麻呂や憶良の直面した状況と非常に近しいものがある。かかる点より考えても、やはり言霊は、自国意識の発揚に伴って観念される傾向をその本質に有しているものであったのかもしれない。また、このことは翻って、自国意識の発露に際しては、常に自国語を巡る認識がそこに付き纏うという可能性の示唆であるともいえるだろう。

江戸後期になると、国学は平田篤胤を中心としてよりドラスティックなものとなり、神秘主義的且つ国粋主義的な様相を呈することとなってゆく。かくして明治維新によって討幕が成り、政権が朝廷へと戻ると、以降政府は天皇制の理論的支柱として、徹底した皇国史観を打ち出すこととなる。而して、そこに於いてはまたしても言霊が持ち出されることになるのであるが、それはもはや一種の思想煽動の補助器具に過ぎぬが如き扱いへと堕してしまっている。たとえば、太平洋戦争直前期に当たる昭和十二年に「神代《じんだい》文化研究所」を立ち上げ、これを主宰した小寺小次郎は、『言霊研究入門』(11)という書を著しているが、そこで小寺は「世界中のあらゆる言葉の語源が、大和言葉であるとは、現今の特殊研究者間に於て大凡立證せられてゐる所である」といい、また、「全世界の言葉の中でも一番尊い清音を發する」ことばである自国語に宿る言霊の神秘は、「我が國體の淵源」であると説くのである。ここには、宣長以前の語学研究に基づく見解を逸脱した、神秘主義に傾倒する篤胤以来の言霊解釈の影響が顕著に認められる。而して、かかる小寺の言説の目途とするところは、畢竟以下の文言に集約されていよう。

我々日本人は、世界人類中最も優秀なる天孫民族であるから、言葉に於ても極めて高尚である。各人種のもつその精神がそのまゝ現れるもので、未完成の人種に於ては其の言語も未完成である。何と云はうと日本語は最も完全なものである。吾々は常に信ずる如く、世界の平和は世界言語の統一された暁でなければ期し得られない。大自然の靈力は刻々その方向に進んでゐる。大東亜の建設は、我國の實力による教化の秋である。この後に來るべきものは何か、それは所謂文化工作である。文化工作とは何か、卽ち言葉の統一である。(12)

小寺のいう「言靈」は、その本質を歪められ、国体発揚という思想活動の具に供された、本来の言霊とは異なる何物かでしかあり得ない。本書に於いて述べ来った言霊のありかたに鑑みれば、かくの如き説きざまが如何にその本質と懸隔したものであるかということについて、贅言を要するには及ぶまい。かくして、国粋主義あるいは国体の発揚に利用された言霊は、一九四五年の終戦以降、敗戦の反動として戦前、戦中の価値観が排斥される傾向の中で、その本質を誤解されたままに、徐々に思想の舞台から姿を消していったのである。

日本は、古代から近代に到るまで、国家意識や自国語意識を巡って、幾度も自らのアイデンティティの問題に直面してきた。それは、様々な外国文化をただ輸入するにとどまらず、それらを自国に適したかたちに馴化しようとする営為にあっての、謂わば産みの苦しみであったかもしれない。而して、先人たちはさような問題に直面した際に、繰り返し言霊の存在を要請してきたのであった。まさしく保田與重郎が「古人は國のをしへとみちの顕れ方として言霊の風雅を考へたのである」[13]と述べている如くに、恐らく彼らは言霊に自分たちの国の本質や、本来のありかたを垣間見ていたのであろう。そして、言霊はその都度彼らの要請に応じて歴史の水面へと浮上し、役目を終えればまた人びとの心の奥底へとその身を潜めていく。すなわち、我が国の自国意識を巡る歴史は同時にまた、その流れに寄り沿うように展開する言霊の浮上と沈潜の歴史でもあったのである。

（1）　西郷信綱は、「やまとうた」の起こりをスサノヲの神詠に系譜付けたことは、「宮廷の公の文芸の地位を漢詩の手からとりもどすことに成功した勅撰和歌集の立場をうち出したものにほかならない。」（西郷信綱『詩の発生』未來社、一九六〇、五五頁）と述べている。
（2）　伝統的な宮廷詩である大歌は、記紀や『萬葉集』で短歌の形式が固定するにつれ、それに追随して徐々に短篇化していき、平安期にその地位を短歌に取って代わられるかたちで衰退していった。宮廷における大歌の変遷については、折口信夫「短歌本質成立の時代」（『古代研究Ⅲ　―国文学の発生』所収、中央公論新社、二〇〇三）に詳しい。
（3）　西郷信綱前掲書、五五頁。
（4）　このうち二九については、原文が「天尓満」となっており、「そらにみつ」と訓ずるのが正しい。これは、二九を詠んだ人麻呂が「そらみつ」を五七調に合うように五音に整えたものであり、枕詞としては従来の「そらみつ」と同様に大和に掛かるものであるため、ここでは「そらみつ」の用例として併記している。
（5）　伊藤博『萬葉集釋注　七』集英社、一九九七、八八頁。
（6）　このように、異民族の言語を意味不通のものとして蔑視する意識は、古代日本に限ったものではない。たとえば、孟子の「滕文公章句」には「今也南蠻鴃舌之人、非先王之道」という一節が見えるが、「鴃舌」とは百舌鳥の囀りという意であり、外国語を卑しめる表現として用いられている。また、古代ギリシア人は自民族をヘレネスと呼び、非ギリシア人をバルバロイと呼称したが、バルバロイとは意味の解しがたい言語を話す者という意であり、ここにもやはり母語以外の言語を不明なものと捉える認識が根柢に潜んでいる。
（7）　伊藤益『ことばと時間』大和書房、一九九〇、四三頁。
（8）　同、四三頁。
（9）　阿蘇瑞枝『柿本人麻呂論考増補改訂版』一一三〇頁。

（10）本居宣長『くず花』上つ巻には、「そもく天下の学者、千有余年かの漢籍の毒酒を飲て、その文辞の口に甘美きにふけりて」とあり、漢籍を難じる一方で、「殊に皇國は、言霊の助くる國、言霊の幸はふ國と古語にもいひて、実に言語の妙なること、萬國にすぐれたるをや」といい、言霊の宿る自国語や、これを母語とする自国の優位を主張する記述が見られる。

（11）昭和十八年（一九四三）に文淵閣より刊行された、小寺による言霊研究の書。平成十年に八幡書店が復刻したが、これは改訂版であり、小寺の附した「改版について」には「神武紀元二千六百年の盛夏」に本書を公刊したと述べられていることから、初版の発行は昭和十五年であったらしい。公刊に際しては、題字を吉田茂が、序文を元東北帝国大学総長の井上仁吉が担当しており、その厚遇のほどが窺われる。

（12）小寺小次郎『言霊研究入門』八幡書店、一九九八、一五五頁。

（13）保田與重郎『保田與重郎文庫12　萬葉集の精神――その成立と大伴家持』新学社、二〇〇二、九四頁。

あとがき

「言霊」というものに初めて関心を懐いたのは、十五歳の頃であった。当時中学生であったわたしは、とある書籍に於いて取り上げられていた言霊という概念に興味を惹かれ、高等部への進級に際して提出する論文課題のテーマとしてこれを選択した。指導を担当してくださった日本史の先生に薦められた数冊の関連図書に目を通しながら書き進めてはみたものの、無学な中学生の如きが満足に読み解けるものであるはずもなく、もはや朧気となった記憶を辿るに、論文は何とも粗末な内容であったように思う。しかし、かく散々な結果であったにも拘らず、爾来「言霊」への漠たる感興は心中に揺曳し、わたしを捉えて離さなかった。

さような言霊への執着心は、件の課題論文を執筆する過程に於いて感じた、一種の割り切れなさに起因するものであった。幾つかの本を断片的に読み、理解不十分ながらも拙い思考を巡らせたことは、結果として言霊の解釈に対する疑念を齎したのである。とはいえ、これを体系的に整理するだけの知識も能力もわたしは持ち合わせてはいなかったし、それがゆえに、かかる疑念は得体の知れぬ違和感となり、澱の如くに蟠り続けることとなった。本書は、その後十数年来抱えたままとなっていた疑念や違和感について、先行研究の力を借りながら何とか輪郭を与え、現時点に於ける自身の見解――ひどく辿々しいものではあるが――を纏めたものである。この無謀な試みの成否のほどは定かではないが、何を措いても言霊を考究の対象として一巻を為す機会を得たことは、わたしにとってまたとない僥倖であった。

　身の程も弁えず「言霊論再考」などという大それた銘を打ってはみたものの、本書の内容がそれに堪えうるものとなっているかは己自身に於いても甚だ疑問であるし、論の不備や拙さについても、これを自覚せぬではない。また、かかる再考の結果が、師説や先行研究の所説より一歩も、否、半歩すらも出ていないのではないかと問われたならば、これもやはり「然り」と応ずるほかはない。己の力量不足に起因するかくの如き批判は、坐して甘受せねばならないであろう。

　しかしながら、それでもなお本書に涓埃ほどの価値を見出す余地があるとするならば、それは畢竟「言霊」や、あるいはそれに纏わる事どもを日本思想に於ける考察の対象として俎上に載せるという、この一点に於いて求められるのではないか。たしかに、本書のうちに為した一連の考究は、先人の手に成った諸々の研究成果と引き並べてみれば、取るに足らぬものかもしれない。だが、かような愚考の痕跡もまた、巻頭に於いて述べた如き蓄積と共有というプロセスの、その反復行為の一助となる限りに於いて、そこに幾許かの存在意義を担い得るものと信じて已まない。

今日の状況を見るに、言霊に関する研究は決して盛んではない。本書の表現をもってすれば、現在は「沈潜」の時期であるといえよう。同じく巻頭にて言い及んだ、母語の別を基調とする限定的且つ堅固な共同体意識の如きは、ともすれば現今に於ける社会の趨勢とは逆行するものであるから、その意味では、かつてのような言霊の「浮上」運動は、やがて全き過去のものとなるのかもしれない。とはいえ、沈潜は消滅と同義を為さない。浮上と沈潜とを繰り返しながら日本思想を貫流してきた言霊は、成立より千年以上の歳月を経てなお、その姿を留め続けている。これは偏に、先達が折々にこれを想起し、反復してきたからにほかならない。

かかる反復に基づく知識や概念の継承と蓄積とは、さながら道を踏み固めるが如きものである。それが必要なものである限りは往来が絶えることはなく、道は道としてあり続けるが、ひとたび不要となれば途端に人足は途絶え、道はやがて草野に覆われて滅失してしまうさだめにある。だが、言霊はかくの如き淘汰を免れて、現在にあってもたしかに生き続けているのであり、寡少ながらも連綿と為されている言霊研究に於いてはもとより、流行歌謡の歌詞や小説の一節のうちにかたちを変えながらも息づくその存在を垣間見るにつけ、言霊と我々日本人との密接な繋がりに思いを巡らせずにはいられない。而して、同様の興味を懐く方々にとって、本書が何らかのかたちで資するところあるとなれば、それはこの上ない喜びである。

出版事情厳しき現在の状況下にあって、本書の出版を快くお引き受けくださった北樹出版社長の木村哲也氏ならびに取締役の木村慎也氏には、そのご厚意に衷心よりの感謝を申し上げねばならない。また、校正や装幀に際してお心を尽くしてくださった編集部の古屋幾子氏や、様々な作業の労をお執りいただいたスタッフの方々に、厚く御礼申し上げたい。

二〇一七年九月

つくばの陋屋にて

樋口達郎

索　　引

あ　行

か　行

さ 行

た　行

な　行

は　行

ま　行

〈著者略歴〉
樋口　達郎（ひぐち　たつろう）
1984年10月6日生まれ
2008年　筑波大学第一学群人文学類（哲学主専攻）卒業
2015年　筑波大学大学院人文社会科学研究科　哲学・思想専攻（倫理学分野）修了
博士（文学）の学位取得
現　在　筑波大学人文社会系特任研究員

主著等
〈平成28年度筑波大学哲学・思想学会奨励賞受賞〉
『国学の「日本」―その自国意識と自国語意識』（北樹出版、2015年）
「思想的主体としての自国―儒学から国学へ―」（『哲学・思想論叢』第32号）
「手段としての論争―国学定立の形式とその問題点―」（『倫理学』第30号）
「継承と超克―賀茂真淵の老子受容を巡って―」（『求真』第20号）
など

言霊と日本――言霊論再考

2017年11月10日　初版第1刷発行

著　者　樋口達郎
発行者　木村哲也

・定価はカバーに表示　　印刷　富士見印刷／製本　新里製本

発行所　株式会社　北樹出版

http://www.hokuju.jp
〒153-0061　東京都目黒区中目黒1-2-6
TEL：03-3715-1525（代表）　FAX：03-5720-1488

ISBN　978-4-7793-0553-5